Descubre cómo obtener un
Poder de Ventas
ILIMITADO!

VENDE
¡YA!

Adquiere los secretos para convertirte en un
GRAN VENDEDOR
y tener lo que siempre deseaste.
¡Incluso si has llegado a dudar de ti!

Ana María Godínez

VENDE ¡YA!

¡Consigue lo que deseas!

OTROS LIBROS DE LOS AUTORES

Estos libros pueden ser adquiridos mediante la página www.amazon.com, www.lulu.com o bien mediante Ignius Media directamente.

El Prodigio

- Integra la Competitividad como herramienta clave en todas las áreas de tu vida.
- www.elprodigio.com.mx
- Ignius Media Innovation, 2008

Despertar

- Libera el potencial infinito que hay dentro de ti.
- www.despertemos.net
- Ignius Media Innovation, 2009

Vitaminas para el Éxito

- ¡Consigue lo que deseas!
- www.igniusmedia.com

- Ignius Media Innovation, 2010

Despertares en Armonía

- Relatos que enriquecen e inspiran el corazón, realizados por Mujeres que comparten su Despertar a la Armonía.
- www.despertemos.net
- Ignius Media Innovation, 2010

Despertares en Armonía II

- Nuevos relatos que enriquecen e inspiran el corazón.
- www.despertemos.net
- Ignius Media Innovation, 2013

El Gran Libro de los Procesos Eficientes

- Los principios actuales de LEAN MANUFACTURING en industrias, negocios y Oficinas, ¡Aplicados sin Igual!
- www.igniusmedia.com
- Ignius Media Innovation, 2014

El Gran Libro de las Mejores Preguntas para Vender

- Los secretos de la herramienta más poderosa que puede DUPLICAR TUS VENTAS: Vende Preguntando®
- www.igniusmedia.com
- Ignius Media Innovation, 2014

Lo que la Gente Lista sabe del Aprendizaje

- El aprendizaje es la llave que te permitirá abrir cualquier puerta en tu vida
- www.igniusmedia.com
- Ignius Media Innovation, 2014

- 8 -

VENDE ¡YA!

D.R. © 2014, Ana María Godínez González y Gustavo Hernández Moreno www.ignius.com.mx

Publicado por: © 2014, Ignius Media Innovation, León, Guanajuato, México
+52 (477) 773–0005
www.igniusmedia.com

Diseño de Cubierta:	Pablo Vázquez
Diseño de Interiores:	Gustavo Hernández Moreno
Corrección de Estilo:	Magdalena Méndez
	Maria Elena Méndez Torres
Fotografía de Portada:	Gustavo Hernández Moreno
Primera Edición:	Abril, 2014
ISBN:	ISBN: 978-607-00-7778-4
Registro de Autor:	03-2014-022410024700-01

Límite de Responsabilidad / Descargo de Responsabilidad: Tanto el editor como el autor han puesto sus mejores esfuerzos en preparar este libro, no obstante, ellos no hacen o se comprometen a algún tipo de responsabilidad o garantía. Ningún tipo de garantía puede ser extendida por ningún tipo de representante de ventas o distribución. Las recomendaciones y estrategias contenidas en el presente, pueden no ser ajustadas a tu situación en particular.

ANA MARIA GODÍNEZ

Psicóloga, Empresaria, Escritora, Conferencista, Master en Dirección Estratégica y Gestión de la Innovación; Experta en Grupos Operativos, Herramientas Avanzadas de Educación y Entrenamiento Dinámico, Liderazgo Transformacional y Ventas; especializada en procesos Industriales y Métodos de Negociación y Solución de Conflictos, cuenta con más de 16 años de experiencia práctica profesional.

Su formación y crecimiento interpersonal la han llevado a desarrollar innovadoras perspectivas en soluciones únicas de Productividad, Liderazgo, Ventas, Estrategia, Marketing, Éxito y Desarrollo Personal, creando un gran poder de transformación y acción, generando enormes beneficios, ventas y utilidades en las empresas y organizaciones asesoradas.

Desde muy temprana edad demostró sus habilidades en los negocios y relaciones humanas, creando emprendimientos de alta calidad, pero sobre todo, siempre orientados a resultados con una amplia perspectiva de futuro. En lo académico se destacó por ser invitada por profesores a compartir sus habilidades en Aprendizaje Acelerado.

Sus habilidades de Comunicación la han llevado a ser ampliamente reconocida por sus "video-entrenamientos" que, mes a mes, llegan a miles de personas en toda América

GUSTAVO HERNÁNDEZ

Empresario, consultor y constante conferencista internacional, Ingeniero Industrial, Máster en Dirección Estratégica y Gestión de la Innovación es, también, Experto en Desarrollo Tecnológico, Diseño de Software, Métodos de Solución de Problemas y Creador de Trabajo Eficiente; así mismo Inventor, Fotógrafo, Productor, Editor y Escritor.

Se desempeñó exitosamente como Director General de una reconocida compañía proveedora internacional de la Industria Automotriz, cuyas ventas anuales superaron los $100 millones de dólares entregando sus productos a diferentes y más destacadas marcas continentales como BMW, Toyota y GM entre muchas otras.

A sus logros se suman la creación de diversas empresas de Innovación y Desarrollo de Tecnología aplicada a productos, procesos y servicios, cuyas patentes llegaron a protegerse y comercializarse internacionalmente por sumas mayores a los $20 millones de dólares.

Es un individuo, ejemplar, creativo e incansable que está en una continua búsqueda y desarrollo de soluciones que ayuden a cientos de miles de personas y organizaciones a tener mejores resultados y aumentar su nivel de prosperidad, eficiencia y felicidad.

AGRADECIMIENTO

Agradecemos a todos los mentores, vendedores y a cada persona que consciente e inconscientemente nos han permitido aprender y mejorar en el día a día nuestras habilidades para vender.

Gracias a Brian Tracy, y Zig Ziglar por ser nuestra inspiración y guías en el camino a ser profesionales en ventas, gracias por enseñarnos de una manera emocionante, honesta, divertida y apasionada el fascinante mundo de las ventas.

Ana María y Gustavo

DEDICATORIA

Este libro esta dedicado a Ti, estimado lector que tienes el interés y la motivación de ser un mejor profesional en las ventas.

Cada una de estas historias que te comparto a lo largo de este libro, tienen la clara intención de despertar la ambición positiva que todo vendedor debe tener para cumplir y superar sus ventas.

Desde hace algunos años he tenido como objetivo, el firme compromiso de estar en el 5% de los vendedores que sobresalen y llegan al éxito, este libro también tiene la clara intención de invitarte a formar parte de este grupo de personas. ¡Puedes hacerlo!. La más clara demostración es que hoy tienes un nuevo libro en tus manos que seguro te permitirá seguir avanzando en tu carrera profesional. Te deseo siempre el mejor de los éxitos para tu vida.

"Si trabajas sólo por el dinero, nunca lo conseguirás. Pero si amas lo que haces y siempre pones al cliente primero, el éxito será tuyo".
— *Ray Kroc*

INTRODUCCIÓN

¡Bienvenido! a este nuevo libro, que estamos seguros aportará motivación, herramientas, reflexiones y mucha acción para tu vida personal y profesional.

El ser profesional en las ventas es un camino constante, el 5% de los vendedores que sobresalen en esta carrera, no es por suerte, o porque tuvieron la oportunidad de tomar una vacante de ventas que estaba disponible en ese momento, si no que, son exitosos gracias a la preparación constante, destacan del resto de los vendedores porque tienen claramente definidas sus metas, a nivel personal y profesional, son vendedores que se encuentran en la cima debido a que están comprometidos con su éxito, cada día de su vida repiten lo que está funcionando y eliminan de su día a día todas aquellas actividades que no los están llevando al resultado, son flexibles para implementar en su vida los cambios necesarios que los acerque al resultado que ellos esperan.

Felicidades, por tener este nuevo libro en las manos, el vendedor que es exitoso y sobresale del resto, también lo ha logrado gracias a que está comprometido con la lectura, deseamos que éstas historias que te compartimos capítulo a capítulo le aporten a tu profesión nuevas opciones y reflexiones que te lleven a implementar las acciones necesarias para mejorar cada día tus resultados.

El Profesional en Ventas, entiende las ventas como un profesional del más alto nivel, que constantemente tiene la gran oportunidad, de brindar y ofrecer buenos negocios a sus clientes, es decir, tiene claro que independientemente si ofrece un producto o un servicio, al final lo que importa es que el cliente o el comprador estarán satisfechos y no tendrán ningún problema con lo entregado por el vendedor, es por esto, que en Ignius entendemos la venta como: consolidar excelentes negocios a los compradores y clientes.

El Profesional en Ventas, tiene absolutamente clara la gran responsabilidad que tiene al saberse vendedor, ya que si él no prospecta, no hace presentaciones de venta y no cierra, está poniendo en riesgo la sobrevivencia de la compañía.

Una compañía no puede existir sin ventas, el cliente es quien aporta continuamente el capital para que la empresa siga su expansión; es por esto, que el Profesional en Ventas, siente y toma esta gran responsabilidad con orgullo.

El Profesional en Ventas, es consciente que para llegar al éxito debe de tener en su mente pensamientos positivos y una imagen clara del vendedor que quiere llegar a ser, Confusio comentaba que "la persona que sabe hacia dónde va ya recorrido un gran trecho a su realización", para el vendedor que quiere llegar a lograr los objetivos de su compañía sin duda debe de tener una imagen clara del vendedor que quiere llegar a ser, un plan claro y definido, y por supuesto la acción continua cada día de su vida para llegar a que suceda.

En el mundo de las ventas también existe otro tipo de vendedor, y este tipo de vendedor le denominamos: el "Payaso de Ventas", este tipo de vendedor está lleno de excusas, no tiene un plan   definido para su vida y mucho menos para lograr las metas de su compañía, es inconsistente con las herramientas que utiliza, de hecho no sabe qué cosas sí hace bien y qué cosas hace mal.

Si a este momento sientes que el "Payaso de Ventas" es un término muy fuerte, no te detengas por favor, sigue leyendo este libro, el utilizar el término de "Payaso de Ventas" tiene como objetivo sacudirte y moverte de tu zona de confort.

El Profesional en Ventas cumple sus objetivos y metas de venta, gracias a que continuamente se mueve de su zona de confort, a lo largo de los años le ha quedado claro que el logro de metas personales y profesionales no está dentro de su zona de confort, es decir, para lograr y mejorar su vida, sabe que tiene que salir de esa zona cómoda, donde ya sabe cómo funciona todo y simplemente repite lo mismo que ha aprendido por años.

Continuando con el "Payaso de Ventas", es alguien que sólo le interesa su beneficio propio, es decir: su comisión, no le interesa solucionar y satisfacer las necesidades de sus prospectos, compradores o clientes, es alguien que solamente se enfoca en vender, vender y vender. No escucha a esas personas que están confiando en él, simplemente levanta pedidos y no le interesa lo que pase después.

Para "El Payaso de Ventas", los grandes cambios se dan, cuando las personas vemos las cosas de manera simple, es decir: blanco o negro, arriba o abajo, sí o no, entre otras; es por esto, que queremos dejar en tu mente que sólo existen dos tipos de vendedores: "el vendedor profesional" y "el Payaso de Ventas.

"El Payaso de Ventas" piensa en pequeño, no se arriesga, si el prospecto o el cliente les dice que la situación está terrible y que por eso no pueden comprarle, se vuelve un experto creador de excusas para que cuando su jefe le pida los resultados, el tenga perfectamente los argumentos de por qué el mercado no le quiere comprar, además que por supuesto el no tiene ninguna responsabilidad en los resultados negativos que está obteniendo.

Si logras identificar algunas de las características del "Payaso de Ventas" como comportamientos que tú tienes en el día, no te preocupes, simplemente ocúpate de hacer todo lo necesario para iniciar tú camino hacer un vendedor profesional, por favor no nos malinterpretes, y sientas que estamos siendo rudos contigo, por el contrario, nos interesa que cada vez el mundo y las compañías tengan vendedores profesionales, orgullosos de su profesión, vendedores profesionales que se apasionen del producto o servicio que ofertan, vendedores interesados en brindar soluciones de manera genuina a esas personas que te dieron la oportunidad de presentar tu producto o servicio.

Nos da mucho gusto poder compartir contigo este nuevo libro, que refleja algunos de los comportamientos, pensamientos y acciones tanto positivas como negativas, que en algún momento de nuestra carrera profesional todos hemos vivido y experimentado.

Ana y Gustavo

> *"Para ser exitoso en las Ventas primero tienes que creértela".*
> — *Ana María Godínez*

CONTENIDOS

CAPÍTULO I

¿POR QUÉ NO VENDO MÁS?

"Tú no puedes lograr el éxito si te vistes del fracaso".
—Zig Ziglar.

Todo ejecutivo de ventas en algún momento de su carrera le ha pasado por la mente una avalancha de preguntas perturbadoras como: "¿Por qué no vendo?", "¿Por qué no llego a las metas?", "¿Por qué los prospectos o los clientes no me compran?", "¿Seré un buen vendedor?", "¿Esto es para mí?", "¿Debería dedicarme a otra cosa?", etc. Si aún no han pasado estas preguntas por tu mente, te tengo noticias: **¡El momento es ahora!** Ya que si como vendedor nunca te cuestionas esas y otras preguntas, seguirás donde mismo y probablemente estacionado en una zona de confort que te permita vivir cómodamente, dejando la oportunidad de crecimiento y éxito a otros vendedores que continuamente se hacen estás interrogantes.

Entonces antes de empezar, te invito a responder las siguientes preguntas, no huyas y enfócate a ver la realidad, estos cuestionamientos tienen como único objetivo despertar tu potencial y comenzar a ver nuevas opciones que te permitan exceder y superar los resultados que hasta el momento has tenido en las ventas.

¿Cuáles son mis resultados actuales en las ventas?

1. _____

2. _____

3. _____

4. _____

5. _____

6. _____

7. _____

¿Por qué no vendo más?

1. _____

2. _____

3. _____

4. _____

5. _____

6. _____

7. _____

¿Por qué los prospectos que me contactan o que busco no me compran?

1. _____

2. _____

3. _____

4. _____

5. _____

6. _____

7. _____

¿Por qué los clientes actuales no me compran más?

1. _____

2. _____

3. _____

4. _____

5. _____

6. _____

7. _____

¿A qué te mueven estas respuestas que acabas de escribir? ¿Qué debieras hacer modificar o implementar de inmediato en tu día a día?

1. _____

2. _____

3. _____

4. _____

5. _____

6. _____

7. _____

Botón para ¡Vender YA!

LAS PREGUNTAS Y RESPUESTAS CORRECTAS: El mayor fracaso de las personas, que de alguna manera están involucrados con las ventas, es el no sentarse a reflexionar profundamente sobre los comportamientos o las recurrencias que están sucediendo en sus vidas que los llevan a obtener esos resultados que siguen teniendo una y otra vez.

Debes sentarte a buscar las respuestas apropiadas, aquellas que perturban tu área de confort, las respuestas que pueden ayudarte a la superación, no aquellas que te dan la razón o que quieres escuchar, sino aquellas que son las más pertinentes, que son basadas en datos, que son incluso observadas y comentadas o confirmadas por una persona externa a ti.

En Muchos la falta de confianza en sí mismo, es un gran obstáculo que impide buscar un cambio, nuevas alternativas, diferentes retos, por esto   no preguntan, o preguntan y no quieren aceptar la respuesta correcta por muchos interés creados como: El no querer cambiar, el "no dar su brazo a torcer", el miedo o rechazo a aceptar que se equivocaron, el parecer ilusos, etc.

Todos esos pensamientos solamente están en su mente y seguramente no lo están en la mente de los demás, por lo tanto son estos pensamientos negativos los que nos llevan al fracaso.

¡Hazte las preguntas asertivas y respóndelas correctamente, no solamente tú, sino apóyate con personas que te ayudarán a decirte lo que realmente es, asegúrate de siempre estar respaldándolas con datos concretos y fidedignos.

CAPÍTULO II

LAS VENTAS ESTÁN EN TODOS LADOS

"Para tener éxito en ventas, simplemente debes hablar con muchas personas cada día. Y lo emocionante es que ¡hay muchísima gente con quien hablar!"

— *Jim Rohn*

Una tarde de verano, en miércoles, salí en mi horario habitual de la oficina, para dirigirme directo y sin escalas a mi hogar, para hacer mi rutina de ejercicio y poner algo de orden en mi casa. El camino y el trayecto fueron de lo más normal del mundo, sin novedades, ya que a las 6:30 pm en mi ciudad aún el tráfico no es tan pesado y en menos de 7 minutos, me encontraba en la puerta del fraccionamiento esperando que el guardia me abriera el portón.

Como es su costumbre se toman todo el tiempo del mundo para verificar que todo este en orden y ¡Yo ya quería llegar a mi casa! Pues la verdad este día fue intenso para mí, estaba agotada y cansada, después de un día espectacular y muy intenso de trabajo, un día de múltiples actividades, generación de ideas, revisiones, llamadas de prospección y seguimiento, entrenamiento al personal, cotizaciones, etc. Si me vieras en este momento me dirías: — ¿Ana, estás bien?, ¿eres tú? —, y la verdad, te diría: — Sí, soy yo, sólo que ya quiero llegar y estar en mi hogar, mi espalda y mi cerebro solo quieren descansar, no puedo más... — ¿Has tenido Tú un día así? Bueno, pues entonces me entiendes perfecto y no necesito darte más detalles.

Por fin, después que el guardia cerró el portón de salida, vino a abrir el de entrada, donde minutos atrás yo me encontraba parada, agotada y con urgencia de llegar a mi casa.

Saludé con la mano y con mi sonrisa franca al veloz guardia, ya que, por más cansada que esté, nunca dejo mi buena educación y amabilidad. Me abrió y por fin, comencé a avanzar lentamente a mi casa, debido a que la velocidad mínima, yo creo que es de 15 km. Siempre que llego a mi casa, algo que me relaja y me encanta es recorrer el camellón principal con varios árboles muy grandes y viejos, que le dan un toque de tranquilidad y paz a una persona que, como yo, es amante de la naturaleza. Lo único que no es tan grato en este camino son los seis topes que están en cada esquina ante de llegar a mi casa, sin embargo, sacando algo positivo, estas pausas me permiten observar con calma todo lo que pasa por las calles del fraccionamiento y esto sin duda me permite desconectarme de todo lo que pasó en el día. Digamos que, como los buzos, es para mí como una "descomprensión".

¡Por fin me estacioné! Junto al jardín, me quite los lentes de sol y estaba presionando el botón de la cajuela, cuando escuche a mis pequeños vecinitos que venían directo hacia mí. La verdad, me encantan los niños, pero hoy, era lo menos que quería encontrarme, así que, me apresuré a bajar mi computadora y bolsa de mano...

Estaba cerrando la cajuela y llegan los 4 vecinitos, gritándome: —"¡Vecina, vecina! ¡Buenas tardes!"—. La verdad, si me sacaron una sonrisa, pues están súper chiquitos y se veían súper ocurrentes, baje mi vista y voltee a verlos, y lo primero que vi fue su gran sonrisa, venían despeinados, altamente entusiasmados, radiantes, seguros de ellos mismos y, para serte honesta, nunca me imagine lo que me iban a decir...

Botón para ¡Vender YA!

SIEMPRE MANTÉN UN ALTO ENTUSIASMO Y LA ACTITUD POSITIVA: No importa que seas una persona que esta por iniciar en las ventas o un profesional que dedica su vida a las ventas, no importa que seas un jovencito o jovencita que esta antes de sus veintes o un profesional de la ventas con más de 30 años de experiencia, lo importante es que puedas mantenerte siempre con un alto entusiasmo y una actitud positiva.

El entusiasmo y la actitud positiva se nota y se contagia. Un error común es encontrarnos a vendedores robotizados o descorazonados, son seres humanos autómatas que repiten su mismo diálogo de ventas una y otra vez.

Esto lo nota el cliente y muchas veces por eso es que no les compra, porque el cliente se siente atendido por un robot.

No debes de caer en esto, cada cita es un momento especial, cada contacto es un momento especial, cada persona es un momento especial, cada llamada es un momento especial sin importar que hagas 60 llamadas al día, ¡cada una de ellas es un momento especial!, nunca lo olvides o fracasarás.

CAPÍTULO III

ESTO NO ES PARA MÍ

"Tú naciste siendo un ganador pero para ganar debes planear ganar, estar preparado para ganar y esperar ganar."
— Zig Ziglar.

Hoy y desde las últimas 4 semanas me he sentido pésimo, sin energía, agotado, desmotivado, en ocasiones sin entusiasmo para iniciar un nuevo día, ya no aguanto más la presión de mi jefe, la competencia y presión de mis compañeros, la verdad llevo más de 6 meses sin llegar a cubrir mi cuota de ventas y me he cuestionado seriamente si yo sirvo para esto o si seré un buen vendedor. Espero que sí, pues llevo más de 20 años en esta profesión, y en caso de que las ventas no sean para mí, sería algo muy grave, ya que me he mentido a mí mismo todos estos años.

Soy vendedor de una empresa líder en el mercado de harinas, llevo más de 12 años en esta y otras compañías del sector y quiero pensar que soy algo experto en los productos y que conozco bien lo que vendo, sin embargo, en los últimos 2 años, he tenido altibajos, no he crecido en mis comisiones, ni en clientes, y como que me he mantenido con los mismos clientes, levantando pedidos, me cuesta reconocerlo, pero no he buscado nuevas oportunidades de donde acomodar el producto, ¿estaré en zona de confort?

Llevo algunas semanas buscando nuevas opciones, ya que los productos que vendo son cada vez más difíciles de acomodar, los clientes, principalmente panaderos y compradores de grandes cadenas comerciales "sólo quieren precio, más plazo y hasta he pensado que ya no les interesa la calidad", digamos que estamos como en un juego de centavos y de amenazas, la principal es: *"sino me dan el precio que hay en el mercado, no te compro"*, ¿qué haces con esto?.

Y encima de todo, para acabarla de amolar y poner más estrés, mi jefe me respira todos los días cerca del cuello con cuestionamientos tales como: "¿Cómo vas?", "Estamos atrasados", "¿Qué está pasando? Antes no eras así, hoy parece que no te importa el no llegar a las metas." Imagínate, esta escena una y otra vez, ponte un momento en mi lugar, ¡Estoy exhausto y no puedo más!

Botón para ¡Vender YA!

"NUNCA DEJES DE MOVER LAS PIERNAS" esta es una de las reglas más importantes en el Fut Bol Americano, esto significa que sin importar el número de golpes o jugadores, que literalmente tengas encima no dejes de mover las piernas hacia tu meta, pues puedes lograr 1 o 2 yardas más, o puedes incluso llegar a zafarte y hacer una anotación.

Dos grandes enemigos del los vendedores son el éxito y el status quo; el éxito es enemigo debido a que al momento de alcanzado el vendedor "se sienta sobre sus laureles" y cae en el Status Quo.

El Status Quo es mortal porque hay personas que se dicen vendedores porque su marca es tan conocida o importante "que se dedican a llenar formularios o a tomar pedidos", eso mis amigos, NO ES UN VENDEDOR, eso es un tomador de pedidos y cualquier persona, sin experiencia y con un QI básico lo puede hacer.

El verdadero vendedor es aquel que sin importar su inexperiencia o sus años de experiencia a cada momento "no deja de mover las piernas", es incansable e imparable, nunca se sienta en su zona de confort, ¡nunca!.

CAPÍTULO IV

¿VENDER?

"Todo se trata de intentar cosas y ver si funcionan".
— *Ray Bradbury*

Terminó mi ciclo escolar y pasé a tercero de primaria, con 9 de calificación, estoy contenta porque vienen muchas semanas de vacaciones y podré jugar hasta tarde en la calle de mi casa con mis amigos. Apenas comienzan las vacaciones, estoy feliz pues falta una eternidad para regresar a la escuela.

La verdad, no me divierto mucho en la escuela, es muy aburrido todo, yo prefiero jugar, divertirme y usar todas las aplicaciones que tengo en mi iPad, que aunque diga mi mamá que no, ¡yo aprendo mucho en mi iPad! y me divierto más que escuchar toda la mañana a mi maestra hablando, se que tú me entiendes.

El lunes como a las 9:00 y después de desayunar 3 pequeños hot cakes (¡Deliciosos!) que mi mamá nos preparó, escuché algo que jamás me imaginé para mis vacaciones.

—Jenny, tú estás creciendo y necesitas aprender el valor del dinero, y cómo se gana...— comenzó a decir mi mamá Paloma.

Después de una pausa chiquita continuo –...así que a partir de hoy, Tú y tu hermana venderán raspados en la colonia a los vecinos–.

Yo me quedé sorprendida y en shock. ¡¿Qué?! Mis planes de diversión, horas jugando, el iPad todo el día, sin tareas y durmiendo hasta tarde se estaban derrumbando en mi mente. "¡No puede ser!, ¿trabajar en vacaciones?, Que gran idea mamá..." Por supuesto que no dije esto, solo me quedé pensativa un rato y dije:

—¿Vender raspados?, ¿eso qué mamá?, Yo no necesito trabajar— le dije muy segura de mí misma.

Mi mamá con paciencia y siguiendo el plan que no se podía deshacer me dijo —¡Sí! ¡Será súper divertido! Ganarás tu propio dinero y si vendes mucho te podrás comprar lo que te alcance y tú quieras; si quieres ganar mucho dinero Jenny, pues tendrás que ir con todos los vecinos y decirles que tienes raspados—

Y continuo –Mira, ahorita vamos a moler el hielo para que empiecen hoy mismo—

Se levantó de la mesa y yendo hacia la despensa sacó una gran caja donde había botellas con líquidos de colores, vasos, popotes, cerezas, servilletas... sí que era en serio y el plan estaba muy bien diseñado.

—¿Cuándo compraste todo esto?— le dije sorprendida.

—Desde la semana pasada, sé que tu hermana y tú se divertirán y la pasarán muy bien, así que, ayúdame y vamos a cortar los popotes en 3 partes para que queden del tamaño de los vasos—.

Y así comenzó mi primer día de trabajo a la edad de casi 8 años.

Botón para ¡Vender YA!

NUNCA ES DEMASIADO TEMPRANO O DEMASIADO TARDE; La razón por la que vas a entrar o te encuentras ya dentro del mundo de las ventas realmente es irrelevante, aquí el punto importante es que ya estás dentro del mundo de las ventas y tienes que reconocerlo de esa manera.

Mientras más rápido reconozcas este hecho, más rápido tendrás éxito en las ventas, lograrás y excederás tus cuotas y lograrás tus sueños más anhelados.

El 'Payaso de Ventas' siempre pone pretextos al respecto de todo y uno de ellos es la edad, ellos dicen –yo ya estoy muy grande para eso-. El vendedor verdadero sabe que nunca es importante la edad, ellos reconocen que siempre el presente es el mejor y único momento que tienen para hacer algo trascendente y grande por él y por las personas a las que ama.

CAPÍTULO V
COMIENZA LA AVENTURA

"Un hombre puede ser tan grande como quiera ser. Si usted cree en usted mismo y tiene el valor, la determinación, la dedicación, la competitividad y si usted está dispuesto a sacrificar las cosas pequeñas de la vida y pagar el precio por las cosas que requieren más trabajo."
— Vincent Lombardi

Por fin terminé de cortar toda una caja de popotes, que jamás pensé que se terminaría, realmente disfrute de esta responsabilidad antes de comenzar a vender.

Mientras mi mamá estaba moliendo el hielo en una pequeña máquina casera, estuvimos platicando e imaginando cómo sería el momento cuando llegará a la puerta de mis vecinos y que les diría para que me compraran los raspados.

Cuando estuvo lleno el primer recipiente con hielo molido, mi mamá me llamó y me dijo: —Jenny, vamos a preparar el primero para que conozcas y sepas qué vas a vender—

Se dirigió a la mesa donde estaba la gran caja con botellas de colores, sacó tres pequeños y lindos vasitos y me lo dio para que lo sostuviera, y entonces volteándonos a ver preguntó entusiasmada: — Paloma ¿tú de qué quieres tu raspado?—

—Del verde— contestó sonriendo.

—Perfecto, el verde es de limón y está riquísimo, ¡ya lo verás!

—Y tú Jenny, ¿de qué lo quieres?

— De fresa.

—¡Perfecto!— dijo mi mamá emocionada y tomó las dos botellas de colores que, por lo que entendí, son los saborizantes ya preparados y se dirigió hacia la mesa del centro de la cocina donde estaba el hielo molido.

Le di los 3 vasos y comencé a poner el hielo a la mitad en cada unos de los vasos; después, puse un poco de las sustancias de colores y más hielo. La verdad mi boca estaba produciendo agüita, pues se veían súper deliciosos.

Cuando terminó de poner el último copete de hielo y más líquido de color (que ese día aprendí que se llama jarabe), me pidió que le trajera los 3 popotes cortos, los puso de manera muy natural y se dirigió de nuevo a la caja para sacar otro pomo con bolas rojas que, cuando lo abrió, supe que eran cerezas.

Con una gran cuchara para no contaminar el contenido, sacó en un plato 3 cerezas y una vez que estuvieron escurridas las dejó caer en el copete colorido de cada uno de los vasitos.

Ya terminados y con todas las ansias del mundo de probar esa delicia, que de verdad era digna de una fotografía, mi mamá dijo:

—Ahora sí niñas, vamos a disfrutar nuestro trabajo— tomó cada uno de los vasos y nos los entregó.

Nos dirigimos muy contentas y emocionadas a la mesita con sombrilla que tenemos en nuestro pequeño y lindo jardín, y comenzamos a saborear cada una nuestro raspado, que después del desayuno y con el calor que comenzaba a hacer te puedo decir que estamos en el momento correcto y adecuado.

Botón para ¡Vender YA!

TIENES QUE ENTENDER A FONDO Y SER UN EXPERTO TANTO EN EL PROCESO COMO EN TU PRODUCTO; Esta es una de las claves que los vendedores más exitosos del mundo, independientemente del producto o servicio que venden, conocen a fondo: ellos conocen a fondo cada paso que se necesita para elaborar sus productos o   procesar los servicios que están ofreciendo a sus clientes.

Cuando alguno de sus prospectos o sus clientes les hacen una pregunta especializada al respecto del proceso que es necesario o del producto en específico, ellos siempre tienen una respuesta adecuada sin titubeos y, con pleno convencimiento, lo cual es miel para los oídos de los clientes, y por esto es que logran vender grandes cantidades y repetidas veces.

CAPÍTULO VI

¡TODO LISTO PARA VENDER MUCHO!

"Siempre que te pregunten si puedes hacer un trabajo, contesta que sí y ponte enseguida a aprender cómo se hace."
— Franklin Delano Roosevelt

—Mmmmm, que ricos raspados mamá, nunca imaginé que fuera tan divertido y fácil hacerlos.— comenté muy contenta y sorprendida.

—Es cierto, no fue tan complicado y están muy ricos, ya que son caseros, están limpios, son con agua de garrafón y los sabores que estamos utilizando son de los mejores— dijo mamá, dando otro sorbo a su raspado de fresa.

Paloma, mi pequeña hermana, sólo estaba sorbiendo, divertida, viendo cómo se estaba acabando esa pequeña delicia.

—Oye, mamá y ¿cómo se vende?— dije en un tono de preocupación, pues ya se estaba terminando mi raspado y sabía que de un momento a otro, tendría que estar ofreciendo mi producto.

—Vender es muy sencillo— dijo con voz pausada y tranquila— el primer paso para vender es estar convencida de lo que estás vendiendo, creer y estar enamorada de tu producto o servicio— dejó su vaso en la mesa y me preguntó:

—Jenny ¿qué piensas del raspado que te acabas de terminar?—

—Bueno, pues que está RIQUÍSIMO, está preparado en casa, lo cual asegura que son limpios, la presentación está muy colorida y cuando te lo terminas quieres más...— de repente me interrumpió y continuó.

—¡Exacto!, lo que estás haciendo es contar tu experiencia, y como estas convencida de que los raspados son buenos para otros y que ellos también lo disfrutarán, digamos que estas comenzando a vender.—

Estás últimas palabras comenzaron a darme cierta seguridad en mi interior, por lo que, ya quería salir con mi libreta a anotar los pedidos, sin embargo, aún no era momento.

Mi mamá continuó: —Otra cosa muy importante es tener una meta de cuántos raspados tienes que vender para que esto sea negocio.—

—¿Metas?— interrumpí sorpresivamente.

—¡Si! Yo ahorita te compro todo lo necesario para la primera producción de raspados, pero... esto no durará todas las vacaciones. Es importante tener una meta diaria para que tengas negocio y puedes percibir ganancias.— Dijo seriamente.

—Así que, tu primer reto, es divertirte, no te sientas angustiada por la meta, las metas se tienen que disfrutar para que nuestra creatividad e imaginación nos permitan implementar acciones para que sucedan, ya que si sentimos estrés, dejamos de divertirnos y comenzamos a pensar negativamente y luego por eso, a la gente no le gustan las metas— dijo en tono seguro, como si fuera la mayor experta en metas.

La verdad, a mi corta edad, estaba entendiendo lo que decía; yo nunca he sentido estrés y no quiero comenzar tan joven con problemas de adulto, me queda claro que son mis vacaciones, tengo una aventura en puerta que me permitirá aprender, divertirme y ganar dinero, así que le dije a mi mamá:

—Entonces, ¿cuál es mi meta?— Debo decirte que por la cara de sorpresa y satisfacción de mamá, creo que acerté la pregunta correcta.

—Bueno para empezar, el día de hoy tu meta es vender 25 raspados...—

La interrumpí, saltando de mi silla: —¡¿25 raspados?!

—Claro, aquí hay muchos niños y todos están de vacaciones; es verano, hace calor y estoy segura que todos traen algo de monedas en sus bolsillos, por lo que, lo único que tienes que hacer en todo momento, es recordar que hoy tu meta son 25 raspados.—

La verdad por mi mente pasó de todo. Sin embargo, estoy entusiasmada y ¡puedo hacerlo!, así que dije: —¡Ya entendí! Vamos a comenzar.—

Y entusiasmada subí a mi cuarto, me puse mi cachucha favorita, tomé una pluma y mi pequeña libreta de tareas del año que había terminado.

Bajé rápidamente y muy emocionada las escaleras, llamé a mi hermana y juntas comenzamos esta gran aventura.

¡Todo está listo para ganar dinero y divertirnos!

Botón para ¡Vender YA!

PREPARACIÓN CONSTANTE; El profesional que en verdad desea ser muy exitoso en las ventas nunca deja de prepararse, ellos siempre están buscando el siguiente curso al cual asistir, leer el siguiente libro, o ver el siguiente video para perfeccionar sus técnicas de ventas.

El 'Payaso de Ventas' es una persona que simplemente está esperando a que los prospectos o los clientes lleguen a él sin ningún esfuerzo, o piensa que su trabajo es simplemente tomar pedidos o que vender es esperar a que los prospectos y los clientes le llamen como por arte de magia.

Otra característica de este 'Payaso de Ventas' es que él en su pensamiento quiere vender, y no sabe en realidad porque no se vende, así que siempre lo escucharás decir "-no pues es que esto no se vende-", "-es que el mercado no está preparado-", "-no pues es que la situación está muy difícil-"; en resumen, son los mayores expertos en crear más excusas que ventas.

El Profesional en Ventas sabe que alguna de esas cosas pueden ser ciertas, pero la diferencia es que él pone acción, pone trabajo para resolver esas situaciones pues sabe que él va a ser exitoso y que lo que se le está presentando son simples obstáculos en el camino que hay que removerlos.

No importa si apenas vas a empezar en las ventas o eres una persona experimentada, tienes que prepararte constantemente sin parar, leer, asistir a seminarios, comprar entrenamiento de alta calidad, y sobretodo experimentar, es decir, poner en práctica cada una de las ideas que se te están compartiendo.

CAPÍTULO VII

¿QUIERES UN RASPADO?

"El personal de ventas debería tomar lecciones de sus hijos. ¿Qué significa la palabra "no" para un niño? ¡Casi nada!."
— *Jim Rohn*

Estaba parada afuera de mi casa, con ansía de entrar para arreglar las cosas pendientes de la casa y comenzar mi rutina de ejercicios; sin embargo, no lo podía hacer, ya que estaba con mis 3 pequeños vecinitos, esperando lo que me iban a decir.

Jenny, la más grande de ellos, tiene como 8 años; y Paloma 5; el más pequeño que no habla y no sé su nombre, pienso que tiene como 2 años.

Comenzaron a preguntarme por *Cookie*, nuestra perra chihuahua de pelo largo, y la verdad por mi mente pasaba de todo: "Ya quiero llegar", "¿Qué estoy haciendo aquí?". Sin embargo, viendo sus sonrisas y como se saboreaban sus ricos raspados en pequeños vasitos como ellos, decidí relajarme y esperar para observar que querían, pues era demasiada la energía que desprendían; pero digamos que captaron mi atención y decidí relajarme y dejarme sorprender.

Me encanta siempre permitirme esos momentos de dejarme sorprender por todo, sean personas, niños, animales, un atardecer. ¡Sí!, aunque ande a las carreras y con mil cosas en la cabeza, ya que permite conectar con el ahora, y recordarme que siempre hay aprendizajes y belleza a mi alrededor.

Así que, ya más relajada y calmada, con una gran sonrisa en mi cara, los escuché atentamente.

Jenny como líder del grupo me dice: —¿Quieres un raspado?—

—¿Un raspado?— dije sorprendida

—¡Si!— dice la hermana –Están buenísimos—

—Hay de fresa, tamarindo, limón y capuchino café— dijo Paloma

—No, de capuchino café no tenemos a la venta— corrigió Jenny

—¿Te lo traemos para que los pruebes?— complemento de nuevo Paloma

Les dije: —Gracias, hoy no, porque voy llegando—

—Entonces mañana—, me dijo Jenny

—¡Puede ser!— les dije y me despedí

Por fin entré a mi casa y me dispuse a poner la lavadora y alistarme para mis ejercicios, hoy me toca P90X...

Botón para ¡Vender YA!

OPCIONES, OPCIONES, OPCIONES Y MÁS OPCIONES el Profesional en Ventas, sin importar los años que lleve dentro del mundo de las ventas, diario está generando nuevas opciones en todo su proceso de venta.

Siempre está enriqueciendo cada una de las etapas del proceso de ventas. Él siempre está buscando el cómo generar campañas más atractivas que le traigan a más prospectos durante el día, el cómo tratar las oportunidades que esas campañas le generan, el cómo generar nuevos prospectos, el cómo hacer presentaciones más efectivas en donde su índice de cierre sea cada vez mayor y más rápido, finalmente cómo lograr que sus clientes actuales no solamente le compren cada vez más, sino que ellos sean una fuente generadora e interminable de referencias de nuevas ventas.

El Profesional en Ventas siempre se está preguntando cómo hacer las cosas mejor, más fácil, más económicas y con mejores resultados. El 'payaso en ventas' por el contrario, se ocupa de manera muy eficiente en dar miles de excusas y pretextos y al final del día siempre sigue usando su mismo par de técnicas o herramientas que aprendió al inicio de su carrera como vendedor.

El Profesional en Ventas sabe que las ventas inician con un no, no toma personal cuando alguien le dice ahorita no, o ahorita no necesito tu producto o servicio. Es alguien que le ha quedado muy claro que para vender se debe insistir, persistir y nunca desistir.

CAPÍTULO VIII

¿QUÉ ME ESTÁ PASANDO?

"El optimista ve oportunidad en cada peligro; el pesimista ve peligro en cada oportunidad".
— *Winston Churchill*

Anoche hablé seriamente con mi esposa Sofía, y acordé con ella dar mi segundo esfuerzo con la compañía; ella me escuchó durante casi dos horas, atentamente, acerca de cómo me siento con esta situación. Para no abrumarte con todo el rollo que le dije, te comentaré que a pesar de que me escuchó y que le dije que haría todo lo posible para cambiar mi actitud y mejorar el resultado, sigo sintiéndome igual o peor, pues no tengo idea de cómo dar ese segundo esfuerzo.

Me siento mal, pues no siento entusiasmo y pasión por lo que estoy vendiendo, a pesar de que soy el experto con más de una década de experiencia. ¿Qué me pasó en el camino? Hoy me siento alguien mediocre, sin futuro, totalmente devaluado e influenciado por los resultados negativos de los últimos meses y, ¿por qué no decirlo?, me siento contaminado por la negatividad del sector y de mis compañeros.

Es cierto. ¡El sector de la harina! Es un mercado desleal, es un océano rojo donde todo lo que importa son los precios, el descuento, se fue al diablo el servicio y la atención al cliente.

¡Soy Carlos! Tengo 47 años y estoy en crisis personal y profesional, hoy me desahogo y quiero decirte que hace 15 años, para nada me veía en esta situación. Cuando empecé mi carrera en el mundo de las ventas, era alguien apasionado, feliz, altamente ambicioso, con deseos de ayudar a otros a hacer crecer sus negocios, leía 2 o más libros al mes, estaba altamente comprometido con la preparación continua, de hecho, antes de cada cita preparaba mi presentación de ventas, dedicaba tiempo a investigar un poco al prospecto, mentalmente ensayaba una y otra vez el desarrollo de la cita. Por años, de manera consecutiva, logré estar en los vendedores elite y obtuve varios premios como vendedor No 1 a nivel nacional.

Conforme fueron pasando los años, se fue perdiendo la pasión y el entusiasmo, me acostumbré al éxito y año con año me fue estacionando en mi zona de confort, me fui acostumbrando a lo que hacia, y dejé la creatividad y el gusto por superarme, yo creo que me pasó lo que a la mayoría de los médicos del seguro social, sólo que en mi caso, en lugar de otro paciente es "otro cliente más". Me deshumanice dejaron de interesarme las necesidades de la gente, me desconecté y me volví frio, solamente quería que me escucharan y llenar pedidos. Sé que se lee, pésimo y te dirás: "¿Cómo alguien puede hacer esto?". Es cierto, pero, ¿sabes? A muchos vendedores les pasa lo mismo, y hoy, yo estoy tratando ser honesto, ya que realmente me cansé de estar en la negatividad y estoy harto de vivir en la mediocridad. ¡Tengo que hacer algo diferente!...

Y antes de continuar, te invito a que tú escribas ¿en qué momento crítico como vendedor te encuentras?, Siéntete en tu propia historia y responde con honestidad a estas preguntas:

¿Qué estoy haciendo bien como vendedor?

1. _____

2. _____

3. _____

4. _____

5. _____

6. _____

¿Qué he dejado de hacer Bien?

1. _____

2. _____

3. _____

4. _____

5. _____

6. _____

7. _____

¿Qué debo empezar a hacer diferente para tener mejores resultados?

1. _____

2. _____

3. _____

4. _____

5. _____

6. _____

7. _____

Buena suerte y nos encontramos en un rato más...

Botón para ¡Vender YA!

ERES DEL 1% DE LOS AFORTUNADOS DE ESTAR EN LA PROFESIÓN QUE NO TIENE LÍMITES; En las ventas, a diferencia de las demás profesiones existe una gran ventaja: es prácticamente de las únicas en donde no tienes límite de ingresos, porque siempre podrás ganar tanto como tú desees, aquí en realidad tú eres el jefe, aquí tú eres quien decide las estrategias de venta, aquí tú decides cómo moverte inteligentemente para cada vez ganar más.

En las ventas existe pasión, adrenalina, tácticas y técnica pero sobre todas las cosas existe un infinito campo de acción en donde podrás desempeñarte y aplicarte para que día a día puedas ir mejorando tus resultados y tus ingresos, y con esto puedas tener una mejor calidad de vida y ofrecer una mejor calidad de vida también a la gente que amas.

Eres infinitamente afortunado por estar en las ventas, aquí y ahora estás en una profesión interesantísima, donde además de poder hacer una carrera y tener cada día mejores mañanas, tienes la oportunidad de hacer excelentes amaneceres para mucha gente a la cual tú les está expandiendo el beneficio de usar o tener tus productos o servicios, y eso es muy importante.

CAPÍTULO IX

TENEMOS RICOS RASPADOS

"La disciplina es el ingrediente más importante del éxito."
— *Truman Capote*

Lista, preparada con mis herramientas de trabajo (mi libreta y lápiz) y con la compañía de mi hermana Paloma, comenzó mi quinto día de encuentro con las ventas.

Por supuesto que estoy nerviosa, hacer esto, jamás pasó por mi mente, y mucho menos dedicarme en mis vacaciones a vender raspados y estar tocando de puerta en puerta, pero... la verdad estoy entusiasmada por hacer algo diferente, pues tengo confianza en que puedo hacerlo; además, estoy haciendo cosas diferentes que me darán un aprendizaje y ganaré dinero.

Respiré profundo, puse una gran sonrisa en mi cara y toqué la puerta de la primera casa.

Tardaron un poco en venir, y salió la señora que ayuda en la casa donde vive César, mi amigo. Sin dejarla hablar, rápidamente le dije: —Tenemos ricos raspados, ¿quieres uno?—

Sorprendida y con una sonrisa en su cara, me dijo:
—No—

Siéndote honesta, me confunde la sonrisa. Sin embargo, si quiero tener éxito en mi negocio, debo seguir adelante. Sé que mi producto no es para todos, y aún tengo más de 50 casas que visitar, así que con alto entusiasmo le dije: —Ok, entonces puede ser otro día, ya que tenemos de fresa, tamarindo y limón, y están riquísimos, ya los probarás...—

Paloma me vio con una cara de confusión, como si hubiera dicho algo fuera de lugar y simplemente le dije: —Ya nos comprará—

De camino a la siguiente casa nos encontramos con César quien, con su tono habitual de niño preguntón, me dijo: —¿Qué andan haciendo?

—Estamos iniciando un negocio, vendemos raspados, ¿quieres uno?

—¡Si! ¿De qué son?

—De fresa, limón, tamarindo y están buenísimos— respondió Paloma.

Todo iba perfecto, hasta que llegué a la conclusión de que César pensaba que eran gratis, así que, como toda una vendedora profesional y con toda la seguridad, le comenté – ¿Tienes 5 pesos?

A lo que respondió: —¡Sí!

—Perfecto, entonces dámelos y en un rato te traigo tu raspado—

Rápidamente sacó la moneda y me dijo: — Está bien, pero yo quiero ayudarte, ¿puedo?

—Si, sí puedes, sólo que el negocio es mío. Tendrás que ir aprendiendo poco a poco, pues estamos vendiendo y necesitas prepararte y hacer cosas diferentes con cada persona, pues tengo una meta y mi objetivo de hoy es vender 25 raspados—

— ¿25? Son muchísimos, ¿cuántos llevas?—

—Uno, así que vamos a continuar—

Y así seguimos el recorrido en las dos primeras cuadras, donde obtuvimos un pedido de 14 raspados, viendo el tiempo y para no hacer esperar a mis nuevos clientes, corrimos emocionados a la casa para comentarle a mi mamá y comenzar a preparar y entregar los raspados.

—¡Mamá, mamá! Estamos vendiendo, ¡esto es divertidísimo! Y las personas sí quieren probar los raspados — le dije emocionada y con un corto aliento después de la carrera hasta la casa.

— ¿Lo ves? Estás haciendo un gran trabajo y seguro, cada vez lo harás mejor— dijo emocionada y tomando su delantal comenzamos a preparar las entregas de raspados.

Botón para ¡Vender YA!

LA VENTA ES EL ALIMENTO DEL VENDEDOR; El Profesional en Ventas reconoce que su mejor alimento en el fertilizante es el cerrar una venta y hacer un nuevo cliente o hacer a un cliente todavía más feliz.

Esto es un gran compromiso, pues por otro lado el 'Payaso de Ventas' simplemente está en esta actividad para ganarse algún dinero sin importarle de corazón lo que pueda venir posterior al cierre de ventas, muchas veces ellos venden productos o servicios chatarra que meten en problemas a los clientes y al hacer eso el universo se encarga de 'ajustar cuentas' con ellos y por esto es que les va mal.

El Profesional en Ventas siempre desea extender un gran beneficio para sus clientes al venderles sus productos o servicios y por eso vende lo que vende, y el universo se lo agradece mandándole cada vez más clientes. Si tú te preocupas por tus clientes 'el universo se encargará de retribuírtelo trayéndote cada vez más clientes, así que haz el bien por ellos.

CAPÍTULO X

UNA TARDE DE VERANO

"No le temas al fracaso, que no te hará más débil, sino más fuerte"
— *Abraham Lincoln*

Después del encuentro con mis vecinitos, el día transcurrió de manera normal, hice algunas revisiones a la última versión de nuestras páginas web, contacté algunos nuevos prospectos potenciales, cerré una serie de talleres muy importantes que tenía bastante tiempo dando seguimiento y como te imaginarás, esto me hizo el día agradable y me motivo a seguir trabajando en lo que amo hacer.

Por la tarde, y como es natural desde hace más de un año, me retiré alrededor de las 7:00 pm para cumplir con mi rutina de ejercicios. Hoy como es un poco más tarde me encuentro con más tráfico del habitual; sin embargo, me siento tranquila y satisfecha por haber concluido otro día más de trabajo.

Camino a mi casa, recibí una llamada de un buen amigo para saludarnos y saber cómo estábamos, por lo cual, todo el trayecto tuve compañía y llegué muy relajada a la entrada del fraccionamiento, que hoy, tenia la puerta abierta de par en par, lo cual evitó la espera típica y rápidamente ya me estaba estacionando en mi cochera.

Bajé y con toda la calma recogí algo de basura que traía en el asiento delantero desde hacia algunos días y me dirigí a la cajuela para sacar mis cosas, cuando escuché muy cerca de mí....

—Y entonces... ¿quieres un raspado?— Me dijo Jenny.

Me pasaron mil cosas por la mente, así que empecé a divertirme...

—No sé... vengo muy cansada— le dije al grupo de tres niños (hoy no venía el más pequeño).

—Están muy ricos, y son con agua natural— dijo, Jenny con gran seguridad.

—¿Cuánto cuestan?— les pregunté interesada para ver su reacción.

—Bien baratos, cinco pesos, ¿tú crees?— continuó Jenny.

—Ok. Pues entonces, sí quiero uno de tamarindo que esté muy rico— les comenté respondiendo a su sonrisa.

Rápidamente se fueron corriendo hacia su casa, y tardaron unos minutos, en lo que me imagino que su mamá les ayudo a preparar mi rico raspado de tamarindo.

Mientras tanto, me cambié y preparé todo para hacer mi ejercicio, estaba llenando mi botella de agua, cuando sonó el timbre con insistencia...

En lo que llegaba a la puerta, los escuché decir entre ellos.

—Yo se lo voy a entregar— dijo Paloma

—Y tú, Jenny, tomas el dinero—

Abrí la puerta y lo primero que vi fue a Paloma con una enorme sonrisa de satisfacción y el pequeño vasito de raspado de tamarindo en sus pequeñas manos, con un popote cortado que hacia juego con el tamaño del vaso y una cereza roja en la punta del hielo.

Lo tomé y le di el dinero a Jenny.

—Que lo disfrutes— dijeron a coro los tres niños.

Cerré la puerta sorprendida y agradecida por la gran lección de ventas que me acaban de dar en dos días estos pequeños niños.

Subí al segundo piso de mi casa y contemplé el pequeño vaso, pensando en todos los aprendizajes que estos pequeños niños le pudieran dar a muchos vendedores como tú y como yo, así que puse el DVD de mis ejercicios, y comencé con mi rutina y a lo largo de 40 minutos me apliqué: pase de 70 pulsaciones por segundo a 170 en los momentos más intensos del ejercicio, estiré, me relajé y disfruté en pequeños sorbos durante el ejercicio mi rico raspado de tamarindo.

Botón para ¡Vender YA!

INSISTIR, PERSISTIR Y NUNCA DESISTIR; Es una frase breve pero increíblemente poderosa, quienes la aplica, se convierten en profesionales en venta, pues constantemente están dando un excelente seguimiento analizando las necesidades de sus prospectos y cómo ellos con sus productos o servicios pueden satisfacerlas para que sus prospectos les compren, se beneficien y logre que sean sus clientes de por vida.

No seas nunca un 'Payaso de Ventas' que al primer obstáculo no baja la espada y se da por vencido. Sea un profesional en venta que sin importar cuántas veces le dicen que –NO- él busca acomodar sus productos pensando en satisfacer las necesidades de sus prospectos o clientes

CAPÍTULO XI

UNA GRAN LECCIÓN

"Si haces una venta, te dará suficiente para vivir. Si inviertes tiempo y prestas un buen servicio al cliente, puedes hacer una fortuna"
— *Jim Rohn*

Después de casi una hora de ejercicios intensos y los estiramientos, me encuentro como nueva, fresca, con alta energía y reflexionando sobre lo acontecido con los niños que venden raspados.

¡Qué gran lección me acaban de dar estos pequeños! Jamás pasó por mi mente que hoy vendrían a preguntarme: **"Entonces... ¿quieres tu raspado?"**. Yo no hice un compromiso con ellos de que sí les iba a comprar, y hoy ellos se presentaron con la esperanza y seguridad que les iba a comprar un raspado, que por cierto, ¡están buenísimos!

Mi lección aprendida esta tarde, en primer lugar tiene que ver, con la persistencia, probablemente un vendedor adulto no hubiera regresado, pues desde que le dicen *"Hoy no"*, *"Déjame pensarlo"*, *"No estoy seguro"*, *"Tendré que consultarlo"*, *"Dame unos días"*, *"Te aviso"*, se pierde la esperanza; en el caso de mis vecinos, yo no les compré en el primer intento y regresaron días después, ¿cuántos vendedores no regresan al primer descalabro?. Creo que la mayoría. Zig Ziglar en varios de sus libros comenta que el 60% de las ventas se cierran después del quinto intento.

¿Por qué el vendedor típico no va por el segundo, tercer, cuarto, quinto, sexto... o los intentos que sean necesarios para cerrar la venta? ¿Por qué tú, haz dejado ir ventas y haz perdido las esperanzas? ¿Por qué te frustras y no sigues intentando con diferentes opciones y maneras hasta que suceda?

Disculpa si en este momento sientes un poco de incomodidad por mis preguntas, y si es tu caso, me alegro, ya que la finalidad de este libro es moverte de tu zona de confort e invitarte a que hagas cosas diferentes y que aprendas de esta historia.

En la vida es importante cuestionarse para identificar que es lo que está pasando y como vendedor, el cuestionarte debe ser un trabajo constante. Si a este momento identificas que ha faltado persistencia para cerrar más ventas, te tengo noticias: ¡Tienes que comenzar a ser persistente! ¿Cómo? Desarrollando en primer lugar la seguridad en ti mismo y volviendo a contactar a todas esas personas que en alguna ocasión supieron de tu producto o servicio. Y si te dicen de nueva cuenta: "No es el momento", preguntar por qué y generar nuevas opciones. En resumen: no te quedes en el primer intento, la venta es mucho de "insistir, persistir y nunca desistir". No me malinterpretes, tampoco se trata de ser terco y quedarte sólo con pocas opciones de prospectos o clientes; si después de varios intentos tienes un NO rotundo, entonces tienes que buscar nuevas opciones, perfiles de prospectos adecuados a tu producto o servicio y continuar…

Otra de las lecciones en esta gran enseñanza es que ¡tienes que divertirte y celebrar! En las ocasiones en las que tuve contacto con mis vecinitos, noté su alto entusiasmo y energía por hacer una venta de un raspado de 5 pesos. ¡Sí! 5 pesos que para ellos era un enorme logro.

¿Cómo has reconocido y celebrado tus logros últimamente? ¿Te has divertido y has disfrutado todas las pequeñas o grandes cosas que vas logrando en tu camino? O simplemente te enfocas en lo negativo y de ahí no hay quien te saque.

Todo en la vida tiene que ver con sentir entusiasmo con lo que hacemos, ya que al sentir entusiasmo, nos divertimos y pasa el tiempo volando, digamos que entras en un estado positivo para hacer que las cosas sucedan y si a este estado le sumamos el reconocer lo que vamos logrando en el día a día y lo agradecemos, ¡Te garantizo que tu actitud mental positiva mejora!

Hablando de la Actitud Mental Positiva, esta fue otro de las elementos que nos deja de lección este encuentro con los vendedores de raspados: Desde el primer día que vinieron a mí, y los días que siguieron hasta el término de las vacaciones, siempre estuvo con ellos una actitud mental positiva, y por supuesto, que tuvieron días malos donde sólo vendieron 3 raspados. La ventaja de un niño comparado con un vendedor, es que el niño rápidamente sale de un estado negativo, no se engancha, se olvida rápidamente y sigue adelante con su vida.

¿Cuántas veces como vendedor te enganchas en el fracaso? ¿Cuántas ocasiones en tu día a día la actitud que predomina es la positiva? ¿Es la actitud mental negativa el elemento más característico de tu personalidad? O ¿Tu personalidad se distingue por tu optimismo? Digo que lo pregunto porque la actitud mental positiva es la responsable de los resultados que tenemos en nuestra vida, en lo personal y en lo profesional.

Te invito a que hoy y siempre seas un auditor mental de tu Actitud Mental, ya que está demostrado que esta es la que determina los resultados que tienes en la vida. Hace muchos años, Napoleón Hill, autor de "La Actitud Mental Positiva", dijo: "Lo que la mente del hombre puede concebir y crear, sólo lo puede lograr con una actitud mental positiva".

Este tema me apasiona y no quiero dejar este punto sin comentarte que tu actitud mental está determinada por la manera en la que piensas; esto es muy sencillo: los seres humamos tenemos alrededor de 60,000 pensamientos al día, de la mayoría de ellos no somos conscientes, por lo que te pregunto: De todos estos pensamientos, ¿cuáles son positivos y cuáles negativos? Ya que, está demostrado que tus pensamientos generan emociones y tus emociones resultados.

Déjame te lo explico de otra manera, te doy un ejemplo: Si la mayor parte del día, de tu día, tus pensamientos son negativos como: *"No puedo hacerlo"*, *"Es imposible que me vaya bien"*, *"Las ventas no son para mí"*, *"Todo está en crisis"*, *"Esto no se vende"*, *"Estoy harto de atender un mercado que no tiene dinero para comprarme"*, *"Nadie quiere mis productos"*, *"Este servicio que vendo es una porquería, nadie lo quiere"*, etc., resulta que estos pensamientos están generando emociones, y como eres muy inteligente, estás llegando a la conclusión de que, estas emociones también son negativas. El tener este tipo de pensamiento genera emociones de duda, culpa, enojo, de inseguridad, de temor... Por supuesto, te da ansiedad y miedo y para acabarla de amolar, estas mismas emociones son las causantes de tus resultados, ya que al tener pensamientos y emociones negativas tus resultados van a ser negativos.

¿Me voy explicando? En cambio, si en el tope de tu mente tienes pensamientos positivos, como: *"Yo puedo hacerlo"*, *"Independientemente de la crisis, tengo muchas opciones para vender"*, *"Cada día me acerco más al mercado que quiere mis productos"*, *"Soy capaz"*, *"¡Sé que puedo y lo haré!"*, *"Cada día soy un mejor vendedor"*, *"Preparándome e intentando nuevas cosas me irá mejor ¡No hay duda!"*, etc., estos mismos pensamientos generan emociones, pero... ¡emociones positivas muy diferentes a las del párrafo anterior! Por ejemplo: se generan emociones de alegría, orgullo, admiración, gratitud, esperanza seguridad, de fe, etc. y al final lo que tienes son resultados mejores, resultados positivos.

A este momento dirás: "Pero, ¿con sólo pensar diferente puedo cambiar mis resultados?" ¡Estás en lo correcto! Todo empieza con nuestros pensamientos, para cambiar tu vida, tus relaciones personales, tus resultados, tu salud, la percepción de ti mismo, debes de ser consciente de tus pensamientos.

Si en este momento piensas que los 3 párrafos anteriores es "Coco Wash" o "lavado de cerebro" te adelanto que no mejorarás en nada, pues estás comenzando a pensar negativo y que esto no funciona, ¿me sigues?... Esto de los pensamientos es todo un proceso de aprender y desaprender, así que el mejor momento para empezar a ser conscientes de nuestros pensamientos es ahora.

Otro aprendizaje que nos dejan Jenny y su hermana es que teniendo la actitud correcta, "la positiva", puedo avanzar mejor en la vida, aún cuando las cosas o los resultados no sean tan favorables. Estos pequeños pudieron ser exitosos en su primer negocio y encuentro con las ventas, gracias a que en su corta edad todavía no tienen consciente la palabra fracaso.

El fracaso no existe a menos que se acepte como tal. Cada derrota es temporal excepto que se vuelva permanente cuando uno mismo se dé por vencido. De hecho, la derrota temporal frecuentemente nos fortalece y nos hace más capaces. Cada vez que intentamos y fracasamos, aprendemos algo que nos ayuda a prepararnos para el éxito.

Si no funcionó la primera vez, tienes que seguir adelante, y seguir intentándolo. Es claro, que el primer día que vinieron hacia mí Jenny, Paloma y César, me dijeron que tenían raspados, que estaban muy ricos, me comentaron los sabores, incluso ellos venían probando los raspados, les dije que: "No en ese momento", ¿y qué hicieron? Sencillo: Regresaron después y lo volvieron a intentar. ¿Y qué consiguieron? ¡Claro, una venta!

¿Cuántas oportunidades estás dejando ir o se han esfumado de tu vida por sentirte fracasado? ¿Cuántas oportunidades has dejado ir por no dar el seguimiento adecuado? ¿Cuántos cierres de ventas han tenido otros vendedores, gracias a que tú, no insististe lo suficiente o te estacionaste en el carril de "fracasados"? ¿Cuántos negocios se te han ido de las manos por interpretar o pensar que no te comprarían? ¿Cuánto has dejado de ganar por no haberte atrevido a hacer tu segundo, tercer, cuarto, quinto, sexto.... Treintavo intento?

Ya que estamos entrando en confianza y para seguir sacudiendo tu mente y sacarte de la zona de confort, quiero preguntarte de manera directa: ¿Crees en el producto o servicio que estás vendiendo? Bueno, lo pregunto porque estos pequeños niños nos están dejando claro que les encanta su producto, ya que cuando vinieron a su primer encuentro conmigo venían degustando y disfrutando sus pequeños vasos coloridos con raspados de limón, tamarino y fresa; la segunda vez, cuando hicieron su pregunta mágica: "Entonces... ¿quieres tu raspado?", se aseguraron de nueva cuenta de decirme que estaban muy ricos, que estaban hechos con agua natural.

¿Realmente te emociona y apasiona el producto o servicio que hoy estás vendiendo? ¿Conoces a profundidad todos los detalles y beneficios que tus servicios o productos tienen? ¿Crees en tu producto o servicio? ¿Quieres que toda persona que conoces esté enterada y se beneficie de los que hoy estás vendiendo? Si alguna de estas preguntas tiene algún NO como respuesta, ¡Cuidado!, estás traicionando la confianza que tu empresa está poniendo en ti.

Las ventas es más que un intercambio de servicios, productos o bienes en una transacción que conlleva dinero. La venta es ofrecer buenos negocios para tus clientes. Si solo te interesa vender para cubrir una cuota de ventas y sacar una comisión, creo que no has entendido bien la gran responsabilidad que tienes para con la persona que compra y para con tu empresa.

Dentro de esta historia, otra lección es que tienes que estar vendiendo. En tu día a día debes enfocar el 80% de tu tiempo en vender, es decir: prospectar, agendar cita, tener presentaciones y cerrar. Brain Tryce dice que el vendedor que no es exitoso pasa solamente el 20% de su tiempo haciendo actividades relacionas con vender y el 80% restante lo pasa realizando actividades que no lo llevarán a una venta.

Los personajes principales de esta historia, en la mañana, en la tarde y todo el resto de sus vacaciones estaban tocando y recorriendo las seis calles largas de nuestro fraccionamiento y tocando a la puerta de las más de 60 casas que conforman el fraccionamiento, van y vienen hasta su casa para entregar los pedidos de raspados que van consiguiendo poco a poco y gracias a que están enfocados en vender.

Analiza un día normal de tu trabajo y reflexiona ¿cuánto es el tiempo que inviertes en actividades que tienen que ver exclusivamente con la venta? ¿Cuántas de las actividades de tu día a día no te llevarán a vender? ¿Qué actividades debes de eliminar de inmediato de tu agenda para enfocarte en lo más importante que es: VENDER?

Otras cualidades que gracias a su corta edad estuvieron presentes en estos pequeños vendedores, fueron su flexibilidad y creatividad. Como niños, estas habilidades se están desarrollando continuamente; sin embargo, como adultos estas cualidades se van perdiendo, endureciendo, hasta que llega un momento que el adulto se convierte en alguien inflexible, sin creatividad, está cerrado a las opciones y quiere hacer las cosas de la misma manera, aún cuando en el fondo, muy en el fondo, ya sabe que va a obtener los mismos resultados.

Para que retomes la flexibilidad y creatividad en este momento de tu vida como vendedor te invito a responder las siguientes preguntas:

¿Qué pudieras hacer hoy diferente en tu proceso de ventas, que te permita obtener resultados diferentes o mejores? Por favor deja que tu mente haga el trabajo y tú concrétate a escribir ¡No dejes entrar la negatividad y modificar tus paradigmas de siempre! Por favor, enfócate.

A) Identifica, sin rodeos y con honestidad, ¿en qué aspectos de tu vida profesional estás siendo inflexible? Y por favor, escribe qué acciones debes implementar de inmediato para ser más flexible.

1. _____

2. _____

3. _____

4. _____

5. _____

6. _____

7. _____

B) Escribe todo lo que se te venga a tu mente, vamos a divertirnos y ser creativos, te invito a pensar afuera de la caja y responder: *Para vender más debo de...*:

1. _____

2. _____

3. _____

4. _____

5. _____

6. _____

7. _____

Otra gran lección de esta historia, después de comprar mi primer raspado (porque, por supuesto, siguieron viniendo a venderme más), fue la sorprendente seguridad en ellos mismos, sobre todo en Jenny, una seguridad que no he visto en muchos vendedores que llevan años en la venta.

Es increíble reflexionar y observar como, también conforme vamos creciendo y convirtiéndonos en adultos se va perdiendo esa seguridad en uno mismo. Cuando niños confiamos en nosotros, no tenemos dudas de que todo lo podemos lograr, incluso hasta soñamos con muchas cosas, nos sentimos capaces, aprendemos de todas las situaciones "positivas y negativas", tenemos fe, creemos en nosotros...

Pero... ¿qué pasa con los años? El ser humano tiene en su cabeza, en sus pensamientos, cientos de dudas que lo tienen en una presión donde muchas veces está incapacitado para hacer cosas diferentes. Digamos que va perdiendo seguridad en sí mismo; esto es muy sencillo, el vendedor, al perder seguridad, se cree todas las excusas: *"No puedo hacerlo"*, *"Esto no es para mí"*, *"No soy capaz"*, *"No tengo preparación"*, *"Antes era más fácil"*, *"No tengo tiempo"*, etc., y luego estas mismas excusas son el pretexto perfecto para no hacer nada, culpar a los otros de tu situación y, por supuesto, a padecer todo el tiempo miedo e inseguridad.

No nos engañemos: el pan de cada día de toda persona adulta es luchar con la seguridad en sí mismo. ¿Cómo se soluciona esto? Practicando, tomando acción y demostrándote a ti mismo que puedes hacer las cosas, atreviéndote a hacer todo lo que tu mente te dice que no puedes hacerlo, pues te tengo noticias: si otros pueden ¡Tú también puedes hacerlo! Sólo tienes que vencer y poco a poco ir eliminando todos esos miedos y atreverte; si te equivocas o no salen las cosas como esperas, sigue adelante y toma el aprendizaje. El desarrollar la seguridad en uno mismo, no se retoma o se logra por arte de magia, tienes que trabajar y exponerte ante esas situaciones donde tienes inseguridad y enfrentar con acciones concretas para que vayas sintiendo la seguridad en ti mismo y te convenzas de que puedes hacerlo. La seguridad en uno mismo es como cualquier músculo del cuerpo, tienes que ponerlo a trabajar para que el músculo se fortalezca y se vea definido.

¿Quieres desarrollar la seguridad en ti mismo? Te invito a comprometerte y actuar, ya que si hoy te sientes inseguro y no haces nada, seguirás siendo inseguro cada día de tu vida. ¡No lo pienses! Conecta con tu niño interior y atrévete. El niño logra muchas cosas y se siente seguro de sí mismo, gracias a que no le hace caso a todos los pensamientos negativos y fatalistas que aparecen en tu mente.

Sé que hasta este momento probablemente puedes estar pensando que no fue tan gran idea comprar este libro, y como no quiero que lo cierres y se quede como otro libro más, vamos a continuar con nuestra historia y al rato regresamos…

Botón para ¡Vender YA!

SI LE TEMES AL RECHAZO ESTAS EN LA PROFESIÓN EQUIVOCADA; Millones de personas en el mundo le temen al rechazo, pues desde que eran chiquitos han sufrido de esto, lamentablemente como dice el dicho: mal de muchos consuelo de tontos.

El eliminar el miedo al rechazo en realidad es algo muy sencillo y mucho más fácil de lo que parece ser y a continuación te voy a revelar el secreto en dos pasos: primero tú debes de saber, aceptar y reconocer que el 'NO" ya lo tienes y Segundo que cualquier cosa que la persona o prospecto diga no es en contra de tu persona, es decir, no debes de tomar nada de manera personal.

El Profesional en Ventas a diario y a cada instante se mentaliza de que el 'no' ¡ya lo tiene! y lo único que debe que hacer es planear, crear, inventar y realizar de manera espectacular maneras creativas de cómo obtener el 'sí' y tener absolutamente claro que cualquier cosa que diga su prospecto no es personal.

CAPÍTULO XII

UN VENDEDOR DE ÉXITO

"El compromiso, la disciplina y la responsabilidad, te mantienen en marcha cuando el camino se hace difícil".
— Zig Ziglar

El día de hoy me levanté más temprano que de costumbre, me preparé un rico café de cafetera con granos recién molidos y me dispuse a encender mi computadora.

Han pasado varios días después de mi plática con Sofía, y la verdad quiero cambiar y poner acción, ya que me queda claro que si sigo haciendo lo mismo, seguiré obteniendo los mismos resultados.

Entré al Firefox de mi MacBook pro y de inmediato apareció Google, con entusiasmo y determinación escribí en la barra del buscador "Cómo ser un vendedor exitoso".

Como te imaginarás encontré cientos de información, videos, blogs, pdf, resumen de libros, puedo decirte que comencé a sentirme con opciones, diferente, comencé a creer que esto que pasaba podía ser pasajero, después de dos horas con 15 minutos (y siendo las 8:00 a.m., para ser exacto), me paré de mi silla y me fui a bañar, con las siguientes palabras que retumbaban en mi cabeza como una banda de guerra a todo volumen:

"La diferencia entre una persona exitosa y los demás, no es su falta de fuerza, ni de conocimientos, sino más bien de voluntad. El trabajo duro, es el de no rendirse."

Estando bajo las gotas de agua muy caliente de mi regadera, comencé a cuestionarme directo y sin pretextos: ¿Cuándo empecé a rendirme? ¿Cuándo empecé a comprar o creer todas las objeciones del prospecto o cliente y deje de esforzarme? ¿Qué pasó con mi voluntad? ¿Mi disciplina de hace más de una década, donde no había otra cosa más importante que esforzarme para llegar a los resultados? ¿Por qué me relajé? ¿Por qué me rendí? Y la más fuerte de todas: ¿Por qué deje de ser una persona exitosa para convertirme en un mediocre, que sólo está esperando que le compren?

Cerré la llave de la regadera, cerré mis ojos y puse mis brazos recargados en lo alto de la pared. Cualquiera que me viera no sé que hubiera pensando, pero en mi situación no me importa, mi postura era reflexiva y estaba meditando todas las respuestas y momentos que pasaban a mí como en una película, me quede ahí por más de cinco minutos, no tuve que utilizar toalla para secarme, por lo que, pienso que pudo haber pasado más, pues perdí la noción del tiempo, me metí demasiado en mis primeros años de vendedor y pude comparar lo que estaba haciendo hoy.

Definitivamente llegué a una conclusión...

Botón para ¡Vender YA!

PARA SOBRESALIR EN LAS VENTAS POR SUPUESTO QUE REQUIERES DE UNA GRAN DOSIS DE COMPROMISO Y ENTUSIASMO PARA NO DEJARTE VENCER AL PRIMER NO. El vendedor que quiere ser un profesional debe de comportarse y actuar como tal, una vez escuchamos de alguien que dijo: "yo conozco dos tipos de vendedores; los vendedores y personas que dicen que están en las ventas". Las Ventas es una profesión que requiere mucha disciplina y que siempre consistentemente te comportes como un profesional y no como un amateur, que es inconsistente en lo que dice, piensa y hace.

La responsabilidad es otro tema vital que el vendedor debe de comprender al 100%, ya que no sólo tiene la responsabilidad de llevar un ingreso a su familia o para mantenerse el mismo, sino que, también tiene la responsabilidad de entregar resultados consistentes a la compañía para la que trabaja, ya que al igual que una familia, las empresas requieren de ventas para seguir creciendo y manteniendo la operación y créeme que esto, sino lo habías visto de eta manera ¡Es tu responsabilidad!.

Compromiso, disciplina y responsabilidad son los tres mejores aliados para tener éxito en tu carrera profesional. Si nos preguntas de los tres ¿cuál es el más importante? Te responderíamos sin pensarlo que, la disciplina es fundamental para cualquier área de nuestra vida, sin disciplina, no puedes modificar o dominar nuevos hábitos a tu vida. Y cuando las cosas no estén saliendo como esperas por favor no dudes en asumir tu responsabilidad pase lo que pase, ya que al hacerlo maduras, y se da un crecimiento en tu persona y en los que te rodean, y los más importante desaparecen los miedos, las culpas, el victimismo, etc.

El Éxito necesita de visión para saber a donde vas. Determinación para siempre mantenerte firme y llegar a tus metas. Autodisciplina para siempre hacer algo que te lleve a lograrlo. Aprendizaje y Responsabilidad para siempre identificar tus resultados y si algo no esta saliendo como esperas de inmediato tomar lo aprendido y hacer cosas diferentes.

CAPÍTULO XIII

EL SECRETO DEL ÉXITO EN LAS VENTAS

"Nada sobre esta tierra puede detener al hombre que posee la correcta actitud mental para lograr su meta. Nada sobre esta tierra puede ayudar al hombre con la incorrecta actitud mental."
— *Thomas Jefferson*

Hemos tenido a lo largo de los años la gran oportunidad de entrenar a miles y miles de vendedores en cientos de organizaciones de diferentes sectores y gracias a todas estas experiencias y aprendizajes, te puedo compartir que a la fecha tengo absolutamente claro que todos los vendedores que sobresalen y llegan a ser llamados "Vendedores de éxito", no es sólo por suerte o ciertas circunstancias favorables que aparecen en su vida diaria.

Estos vendedores se han ganado el derecho de sobresalir y vivir en abundancia, gracias a que han creído ciega y firmemente que ellos "tienen la posibilidad de triunfar". Emerson comentó: "La confianza en sí mismo es el primer secreto del éxito". Y estoy totalmente de acuerdo con él.

Jenny, mi vecina, del negocio de raspados, no tiene duda que logrará su meta, confía en que sus raspados están muy ricos, sabe que tiene muchas opciones para vender: a los niños, a los adultos, a los guardias, a la gente de mantenimiento…, digamos que no duda que podrá vender sus 25 raspados diarios o más.

Ahora bien, volviendo al caso de los vendedores, muchas veces ellos no tienen metas, o lo que es peor aún, no creen que puedan lograr las metas, cuando estas existen.

Actualmente, ¿cuáles son tus metas en las ventas? ¿Qué estas haciendo diferente cada día para acercarte a esas metas? De lo que haces diariamente ¿qué sí está funcionando y qué no? Por favor, sé muy honesto, ¿tienes un plan para llegar a esas metas?

Sé que las respuestas a estas preguntas te perturban y te mueven de tu zona de confort, y siendo honesta, es lo que quiero lograr, que te muevas y que te tomes la responsabilidad de tu éxito, porque es claro que puedes hacerlo.

En la mente de Jenny, por su corta edad y por no estar condicionada como muchos adultos, no han aparecido pensamientos de "Tú no puedes", "Tú no necesitas hacer eso", "¡Qué vergüenza, andan vendiendo raspaditos!", "Son tus vacaciones, estás muy chiquita", "Te están explotando", "¿Quién va a querer comprar tus raspados?", "Eres nueva en esto"…

Este es el punto más importante en este momento, ¿cuáles son los pensamientos recurrentes que albergan tu mente en relación a las ventas y metas que tienes que cumplir? Te lo pregunto, porque, páginas atrás, comentamos que tus pensamientos están generando emociones y estas emociones, sin duda y comprobado, están generando resultados.

¿Quieres reclamar ese derecho de ser exitoso en las ventas y en tu vida? Si tu respuesta es afirmativa, no dejes de llenar las siguientes preguntas, y una vez que termines, alíneate a tu plan y comprométete cada día hasta que suceda; las metas, y lo que vas a escribir a continuación, son el detonador y el motor más importante para lograr tus metas profesionales.

Te haz quedado dormido y despiertas después de 10 años, viviendo y teniendo todo lo que siempre has deseado, por favor, escribe sin limítarte y a detalle la visualización de tu vida diez años adelante.

No dejes entrar a la razón y por favor sé muy descriptivo y escribe a detalle todo lo que ves y tienes en todos los aspectos de tu vida: en lo financiero, profesional, personal, familia, etc.

1. _____

2. _____

3. _____

4. _____

5. _____

6. _____

7. _____

De todo lo que escribiste con anterioridad, vamos a aterrizar en pequeñas metas, la meta más importante para este año.

Digamos que las metas son los escalones que año con año nos llevan a lograr toda esa visión que acabas de tener de tu vida.

¿Cuál es tu meta financiera más importante para este año?

1. _____

¿Cuáles son las acciones más importantes qué tienes que hacer para que sucedan? Una vez que termines tu lista de acciones, te invito a que priorices en la columna de al lado cada una de las acciones, esto con el objetivo de poder tener un orden de importancia.

1. _____

2. _____

3. _____

4. _____

5. _____

¿Cuál es tu meta más importante para tu salud en este año?

1. _____

¿Cuáles son las acciones más importantes que tienes qué hacer para que sucedan?

1. _____

2. _____

3. _____

4. _____

5. _____

¿Cuál es tu meta más importante a nivel personal para este año?

1. _____

¿Cuáles son las acciones más importantes qué tienes que hacer para que sucedan?

1. _____

2. _____

3. _____

4. _____

5. _____

¿Cuál es tu meta más importante a nivel profesional para este año?

1. _____

¿Cuáles son las acciones más importantes que tienes qué hacer para que sucedan?

1. _____

2. _____

3. _____

4. _____

5. _____

¿Cuál es tu meta más importante a nivel familiar para este año?

1. _____

¿Cuáles son las acciones más importantes que tienes qué hacer para que sucedan?

1. _____

2. _____

3. _____

4. _____

5. _____

Una vez que termines este ejercicio, por favor y a manera de resumen, llena en el espacio la meta y la fecha en la que sucederá, te recomiendo no seguir adelante si no pones una fecha, ya que la fecha será el motivador más importante para que suceda, la ausencia de este dato tan sencillo es la clave para poner un poco de diversión y presión que sin duda te moverán a comprometerte contigo mismo.

Categoría	Meta	Fecha
Financiera		
Salud		
Personal		
Profesional		
Familiar		

¡Mucha suerte!... Y nos vemos al rato.

Botón para ¡Vender YA!

UNA META SIN UN PLAN ES SIMPLEMENTE UN SUEÑO QUE ESTÁ A LA DERIVA Y A MERCED DEL DESTINO; El Profesional en Ventas siempre esta ocupado de ponerse metas cada vez mayores, cada vez más grandes, cada vez más intensas que lo estén moviendo constantemente de su zona de confort y que lo estén motivando a buscar nuevas opciones, a poner en práctica nuevos argumentos, a construir nuevas estrategias que lo lleven a conseguir lo que desea cuando lo desea ¡o antes de ser posible!.

El Profesional en Ventas fortalece de manera constante y sin interrupciones sus fortalezas, al igual que un músculo tienes que fortalecerlo a diario para que no quede flaco o flácido, ¿cómo esta tu músculo en ventas?, ¿está grande o esta pequeñito?, ¿tu Musculo de Ventas esta fuerte o es un debilucho?

"El Payaso de Ventas" por el contrario sólo está "esperando a que los clientes o las oportunidades le caigan del cielo" o esta esperando que la gente entre a su local, o que llamen a su teléfono, o que le escriban un correo electrónico solicitándole información o que llegue los prospectos a la caseta de ventas, o que un amigo le recomiende a un bien conocido, en resumen, "el Payaso de Ventas" es un parásito, ¡Si! Una especie que vive esperando que los demás se ocupen de él.

El Profesional en Ventas sabe que "no puede dejar de moverse", él sabe que debe estar ocupado constantemente de buscar nuevas maneras de hacer campañas para que el mundo sepa que existe y que es bueno confiar en su marca, que debe estar creando nuevos argumentos de ventas que logren que sus prospectos le compren más fácilmente, debe estar mejorando su proceso de ventas para que cada vez pase menos tiempo en lo administrativo y mas cerrando contratos y recibiendo dinero (que esto precisamente es

¡VENDER!), él trabaja con pasión en todo esto porque ¡NO DUDA QUE VA A TENER LO QUE QUIERE!, y sabe que para esto debe tener un plan y ejecutarlo a la perfección y sin descanso.

CAPÍTULO XIV

¡PUEDES SER EL MEJOR VENDEDOR!

"Siempre tienes razón, si crees que puedes, ¡puedes!, y si crees que no puedes, ¡no puedes!. De cualquier manera tienes razón."
— Henry Ford

Camino a la oficina, y con una actitud mejor a la de hacia semanas, no dejaba de pasar por mi mente "EL DESCUBRIMIENTO" que había tenido lugar en la regadera.

¡Es cierto, me rendí!

Hace años, comencé a dejar de intentarlo, dejé de prepararme y me convertí en el maestro de las excusas, me olvidé de tener metas personales y las de la empresa me pasaron desapercibidas, ya que nunca pasó nada; la verdad ya nos acostumbramos, desde el director general, dueños, gerente y compañeros, y ya todos compramos las *mentiras "de que la situación está muy difícil", "de que el producto o servicio no se vende como antes", "antes era más fácil abrir nuevos mercados, ahora siéntete feliz si no se van tus clientes", "estamos en un mercado altamente competido"*, etc.

¿Has escuchado esto? Por supuesto que sí, son los pretextos, justificaciones y mentiras de todo vendedor. Debo quitarme la venda de los ojos y comenzar a intentar cosas diferentes, el mercado de la harina, es ENORME y sólo tenemos una pequeña rebanada de pastel, del GRAN pastel que existe en mi país.

Estas y muchas otras reflexiones acudieron a mi mente durante todo el trayecto a la oficina, así que, me estacioné a una cuadra de mi lugar de trabajo, tomé mi mochila y, caminando firme y con entusiasmo, me dirigí a retomar y reclamar mi derecho a ser exitoso, pues me quedó claro que si otros han tenido éxito ¡Yo también puedo ser exitoso!

Saludé al guardia, era un poco temprano para que el resto de mis compañeros de oficina llegaran, por lo que, con toda la calma y tranquilidad, me dirigí a mi escritorio. Al llegar encontré un post—it muy colorido con fondo verde y unas flores en los márgenes que me hicieron llegar a la conclusión de que esta nota había sido escrita por una mujer, pues a simple vista un hombre no puede usar ese tipo de post—it.

El post—it estaba pegado a un lado de mi agenda y decía:

Cuando un ganador comete un error, dice: "Yo me equivoqué", y aprende del error.

Cuando un perdedor comete un error, dice: "No fue mi culpa".

Un ganador se compromete y actúa en consecuencia, su palabra tiene valor para él, y ese valor es reconocido por los demás.

Un perdedor hace promesas pero no actúa para lograr concretarlas y saca disculpas para no hacerlo, excusas que los demás perciben como lo que son, excusas.

Un ganador escucha, comprende y responde proactivamente generando soluciones para que las cosas se hagan.

Un perdedor sólo espera hasta que le toque su turno para hablar y como sólo se escucha a sí mismo tiende a no escuchar lo que los demás dicen.

Un ganador respeta y escucha a todas las personas y aprende de ellas.

Un perdedor se resiente con los que saben más que él y trata de encontrarles sus defectos y ponerlos en evidencia.

Conforme fui acercándome al final, supe que esta nota estaba escrita por mi mujer y al final firmaba diciendo:

"Te amo y estoy segura que eres un ganador, así que compórtate como tal y sigue siendo el vendedor exitoso que siempre has sido"

Sofía

Todos los párrafos me emocionaron, me movieron, me sentí de cierta manera evidenciado y descubierto por Sofía, ella estaba percibiendo lo mismo. Comencé a experimentar todas las emociones juntas como en una licuadora, felicidad, vergüenza, entusiasmo, angustia, rabia, impotencia, enojo, culpa, ansiedad, pero al final la emoción que más me tranquilizaba era el amor y la confianza de Sofía.

Después de este torrente de emociones y ya más calmado, con la llegada de mis compañeros, digamos que había recobrado mi estado habitual, sólo que más confiado. **"Soy un ganador, siempre lo he sido y voy a ganar"**. ¡Basta de mentiras y excusas en mi mente! Tengo que ponerme a trabajar, así que tardé unos minutos en encontrar un viejo archivo de prospectación, que tenía años sin aparecer en mi computadora y comencé mi día con un plan de trabajo, con una lista de prospectos nuevos y me quité la flojera y las telarañas mentales de todo lo que había estado haciendo los últimos años, digamos que comencé a hacer cosas diferentes, me sentía entusiasmo, feliz, optimista y con todos los deseos del mundo de demostrarme primero a mí mismo que: ¡Soy un ganador!

Marqué el primer número y todo comenzó...

Botón para ¡Vender YA!

NO ESTÁS SOLO Y NUNCA LO ESTARÁS; Sabemos que las cosas no siempre van como uno deseara o a la velocidad que uno lo quisiera, hay ocasiones en las que pasa por tu mente el mejor dedicarte a otra profesión o cambiar de ambiente, mucha, pero mucha gente ha encontrado la excusa perfecta y la sociedad ha comprado esta excusa que es: "Creo que ha llegado el momento de cerrar un ciclo", "todo tiene su ciclo y creo que el mío ya llegó", etc... todas estas patrañas que la gente usa como excusa para justificar quizá que ya no esta a gusto haciendo lo que hace, o que el jefe ya lo tiene harto, o que no esta vendiendo lo que debiera de estar vendiendo, o que necesita ganar mas dinero porque quiere o porque lo debe o porque lo necesita, el punto aquí es que no estás solo, siempre hay gente que con agrado deseará ayudarte siempre y cuando no te conviertas en un parásito que espera que las personas te resuelvan tus problemas, recuerda: la gente esta para ayudarte no para librarte de tu bronca.

El Profesional en Ventas, también pasa por situaciones difíciles, pero a diferencia de El Payaso de Ventas, pasa mucho menos tiempo "enganchado" en esta situación pues sabe que esto no es bueno para él, ya que de seguir allí seguirá sin vender, o seguirá con una baja autoestima, o seguirá deprimido y esto no le ayudará en nada para sentirse y parecer mas convincente o para tener una mente despejada y abierta a la imaginación y creatividad y usarla para buscar nuevas opciones de campañas, de prospectos y de cierres de ventas.

Si quieres ser un verdadero Profesional en Ventas debes de tener autocontrol y no autocompasión, debes de tener determinación y no desmotivación, debes de saber que hay decenas o cientos de gentes en las que puedes confiar y las que te ayudarán a impulsarte a lograr lo que deseas lograr, pero, sobre todas las cosas debes entender que el motor eres tú y que tienes un enorme motor que puede llevarte a donde desees, la mejor recompensa de la venta es el lograr que tus sueños y el de tus clientes se conviertan en una realidad, ¡pero tú eres quien debe de pensar las estrategias y llevarlas a cabo!.

CAPÍTULO XV

LLEGANDO A TODO EL MUNDO EN SEGUNDOS

"La motivación nos impulsa a comenzar y el hábito nos permite continuar".
— *Jim Rhon*

Escribir es otra de las cosas que amamos hacer, y normalmente antes de cada nuevo taller abierto, Gustavo y yo escribimos algunos nuevos blogs para las páginas web.

Hoy como prioridad número 1 en mi agenda, encontré dicha actividad priorizada con una AA, lo que significa que es la actividad más importante a realizar y que no puedo pasar a otras, hasta que esté concluida; sé que parece que soy un poco obsesiva con esto, sin embargo, la realidad es que no. Necesito en mi día a día comenzar con un plan priorizado de las cosas que debo hacer, ya que si no lo tengo, me pierdo y entro en un desenfoque total que sólo me lleva a sentir estrés y presión, que la verdad no quiero tener en mi día a día. Como comercial: "empieza cada día de tu vida con un plan, ya que 10 minutos de planeación y priorización de tus actividades te darán 1 hora más al día ¡Te lo garantizo!".

El tema elegido para el blog de Ventas del taller "Fábrica de Ventas®", fue escribir un homenaje a Vincent Lombardi, un gran couch deportivo y gran entrenador en temas como el liderazgo y las ventas.

Lombardi vivió solo cincuenta y siete años, pero en ese corto trayecto, logró llegar desde el humilde hijo de unos inmigrantes italianos nacido en Brooklyn, a transformarse en el más famoso coach de todos los tiempos, habiendo logrado que los equipos que condujo fueran tres veces consecutivas ganadores del Campeonato mundial de fútbol AFL – NFL (Súper Bowl).

Este gran hombre dejó un gran legado de enseñanzas y frases celebres como esta que me encanta: "La victoria no es todo, pero querer ganar sí lo es."

A continuación te compartiré los 31 aprendizajes más trascendentales y motivadores de Vice Lombardi que han impactado en mi vida:

1. "Si tienes la suerte de encontrar a un tipo con mucha cabeza y mucho corazón, él siempre va a llegar lejos en segundos."

2. "La fuerza mental es esencial para el éxito."

3. "La fuerza mental es como ser un Espartano, con todas sus cualidades de fuerza, técnica, sacrificio, dedicación, valentía y amor. "

4. "Buenos cerebros sin corazones competitivos son barcos a la deriva."

5. "Ganar es un hábito. Cuida tus pensamientos, se convierten en sus creencias. Disfruta de tus creencias, se convierten en tus palabras. Cuida tus palabras, se convierten en tus acciones. Cuida tus acciones, se convierten en tus hábitos. Cuida tus hábitos, se convierten en tu carácter. "

6. "Cuanto más duro trabaje, más difícil es rendirse."

7. "La confianza es contagiosa y también lo es la falta de confianza, y un cliente reconocerá ambas cosas."

8. "Si usted no cree que usted es un ganador, usted no pertenece aquí. "

9. "No sucumba a las excusas. Vuelve al trabajo de hacer las correcciones y la formación de los hábitos que harán que tu objetivo sea posible. "

10. "Hay tres cosas que son importantes para cada uno en este vestidor. Su Dios, su familia, y los Empacadores de Green Bay. En ese orden. "

11. "Es y ha sido siempre un celo estadounidense de ser el primero en todo lo que hacemos, y para ganar ..."

12. "Es esencial entender que las batallas se ganan principalmente en los corazones de los hombres. Los hombres responden al liderazgo de una manera más notable y una vez que han ganado su corazón, él te seguirá donde quiera."

13. "Si no te enciendes con entusiasmo, se le despedirá con entusiasmo."

14. "Para tener éxito, un hombre debe ejercer una influencia efectiva sobre sus hermanos y sobre sus colaboradores, y el grado en el que logra esto depende de la personalidad del hombre. La incandescencia de la que es capaz. La llama de fuego de pasión que arde dentro de él. El magnetismo que atrae el corazón de otros hombres con él. "

15. "Ejecución de un equipo de fútbol no es diferente de ejecutar cualquier otro tipo de organización ...''

16. "Algunos de nosotros va a hacer bien nuestro trabajo y otros no, pero vamos   todos serán juzgados en una cosa: el resultado."

17. "Ganar no lo es todo - pero hacer el esfuerzo y trabajar inteligentemente para ganar sí que lo es."

18. "El éxito exige unidad de propósito."

19. "Si no importa quién gana o pierde, entonces ¿por qué llevar la cuenta?. "

20. "Ganar no es una cosa en algún momento... es una cosa todo el tiempo. No se puede ganar una vez en mucho tiempo... no haces las cosas bien de vez en cuando ... las haces bien todo el tiempo. Ganar es un hábito."

21. "Muéstreme un buen perdedor, y yo te mostraré un perdedor."

22. "Ganar no lo es todo, es lo único."

23. "Un equipo que piensa que va a perder va a perder."

24. "Para el ganador, hay un 100 por ciento de la euforia, el 100 por ciento de la diversión, el 100 por ciento de la satisfacción, y sin embargo, la única cosa por la que pierde es la resolución y determinación. "

25. "El segundo lugar no tiene sentido. No siempre se puede ser el primero, pero usted tiene que creer que usted debería haber sido."

26. "Ganar no es una cosa en algún momento, se trata de una cosa todo el tiempo. Tú no haces las cosas bien de vez en cuando ... las haces bien todo el tiempo ". "El que no cree en sí mismo y hace un compromiso total con su carrera y pone todo lo

que tiene en él - su mente, su cuerpo, su corazón - ¿qué en la vida valdrá la pena a él."

27. "Una vez que un hombre ha hecho un compromiso con una forma de vida, que pone la mayor fuerza en el mundo detrás de él. Es lo que llamamos el poder del corazón. Una vez que un hombre ha hecho este compromiso, nada va a detenerlo para lograr su éxito. "

28. "La calidad de vida de una persona es directamente proporcional a su compromiso con la excelencia, independientemente de su campo de actividad."

29. "No es que si usted es golpeado abajo o derribado, es si usted se levanta."

30. "Yo diría que la calidad de la vida de cada hombre es la medida total del compromiso de que el hombre de la excelencia y la victoria - ya sea fútbol, ya sea de negocios, ya sea política o el gobierno o lo que sea. "

31. "El fútbol es mucho como la vida en la que enseña que el trabajo, el sacrificio, la perseverancia, el impulso a la competencia, la abnegación y el respeto por la autoridad es el precio que todos y

cada uno de nosotros tiene que pagar para alcanzar cualquier meta que vale la pena. "

32. "Para lograr el éxito, sea cual sea el trabajo que tenemos, hay que pagar un precio."

33. "Lo más importante de todo, para tener éxito en la vida exige que un hombre hace un compromiso personal con la excelencia y para la victoria, a pesar de que la victoria final nunca puede ser totalmente ganada. Sin embargo, que la victoria podría ser perseguida y cortejada con cada fibra de nuestro cuerpo, con cada parte de nuestras fuerzas y todo nuestro esfuerzo. Y cada semana, hay un nuevo encuentro. Cada día, hay un nuevo reto "

Botón para ¡Vender YA!

LA FÓRMULA DEFINITIVA PARA EL ÉXITO ES INSPIRACIÓN A LA ACCIÓN, CONOCIMIENTO Y APLICACIÓN; No importa en lo absoluto qué tanto quieras ser exitoso en las ventas o en tu vida personal, si no tienes un motor interno incansable, no lo lograrás, si no tienes personajes que inspiren tu andar, no lo lograrás, si no tienes aspiraciones trascendentes que sean más allá de tus solos deseos egoístas, no lo lograrás, si no eres inspirado por una mente infinita a superar cualquier obstáculo, no lo lograrás.

Por otro lado está el Conocimiento, tú debes de "saber cómo", cómo lograr lo que deseas de una manera más eficaz, cómo hacer las cosas mejores, cómo hacerlas con mayor calidad, cómo hacerlas más atractivas, cómo lograr resultados con menos esfuerzo y con menos gasto. "Cómo" es la palabra clave en la vida, pues aquí la inspiración se multiplica con el "Cómo" y logra cosas maravillosas, sorprendentes y extraordinarias.

Y finalmente la Aplicación, si no aplicas las cosas nunca llegarás a ningún lado, estarás totalmente a merced del destino, no tendrás ningún control sobre tu futuro, serás como un parásito dependiendo de lo que su huésped determine hacer y esta manera de no aplicar las cosas por ti mismo es la fórmula perfecta para un magistral ¡Fracaso!. Tú tienes el control de aplicar cada cosa que piensas para mejorar, probablemente no siempre ganes, pero siempre debes tener toda la intención, inspiración, conocimiento y aplicación para ganar en cada minuto de tu vida

CAPÍTULO XVI

LA RIQUEZA DE LAS VENTAS

"El éxito no se logra sólo con cualidades especiales. Es sobre todo un trabajo de constancia, de método y de organización."
— *Víctor Hugo*

Estoy sorprendido, se fue el tiempo volando, llevo más de 3 horas en un enfoque total, en un bloque de trabajo de sólo "estar prospectando y llamando a prospectos potenciales". Tenía una década o más que no lo hacia con este entusiasmo, constancia y determinación, la actividad más importantes en las ventas: ¡Decirles a otros todos los beneficios que tenemos para ellos, en los productos y servicios que ofrecemos!

Me siento motivado, comprometido en hacer actividades sobresalientes del proceso de ventas, y no sólo estar a la espera de alguna llamada de seguimiento que pasan las chicas de telemarketing.

Por supuesto que para el resto de la fuerza de ventas de la harinera, parezco un bicho raro, me ven con cara de: *"¿Qué está haciendo?"*, *"¿Por qué hace esto?"*, *"¿Qué está pasando?"*, *"¿Qué mosco le picó"*, *"¿Y ahora qué?"*. Y la verdad no me importa lo que piensen, ya que el pensar como ellos me hizo detenerme en mi carrera al éxito y ahora sí, ¡Estoy decidido y comprometido a triunfar!

Mi día transcurrió de manera normal, obvio, más ágil y divertido que hacía meses, al estar en contacto con objeciones, rechazos, malos tratos al otro lado de la línea, contactar a clientes olvidados o dormidos, me sacudió y puso a trabajar mi mente de manera revolucionada, ya que había argumentos que no había utilizado. Al inicio me di cuenta, de que estaba ofreciendo mi producto como el resto de mis compañeros, sin emoción, otra oportunidad más que está bien si me dicen que no; al escucharme esto me activo y me sacó rápidamente de mi zona de confort, así que, empecé a utilizar nuevos argumentos, prueba y error.

Al final del día no obtuve ninguna oportunidad de cita, sin embargo, sí logré que al menos 30 personas más, fuera de mi ciudad, supieran que existimos y para mi es una gran satisfacción y logro.

Antes de retirarme, programé mi agenda y mi plan de trabajo para el siguiente día, satisfecho, cerré la carátula de mi computadora y, con una gran sonrisa y firmeza al caminar, me dirigí directo hacia mi automóvil.

Sé que si sigo trabajando de esta manera, muy pronto encontraré nuevas oportunidades, que estoy seguro están ahí para mí. Como dijo en una ocasión el Sr. Capote: "La disciplina es el ingrediente más importante para el éxito". Así que, para mí no hay vuelta de hoja. ¡Estoy decidido a sobresalir y ser de nuevo el Vendedor ·#1 de la compañía!

Estimado lector, sé que me lees confundido y, si tuvieras oportunidad, muy probablemente me preguntarías: "*¡Pero aún ni vendes!*" O inclusive pasan pensamientos por tu mente como: "*Pues haber cuánto le dura esa actitud*", "*Ya lo viera en mi situación*", "*Por supuesto que es una historia y que Carlos no existe*".

¡Alto! Tú y cualquier otro puede salir de su zona de confort haciendo cosas diferentes y comprometiéndose, deja de ser tu propio enemigo y basta ya de sabotear tu éxito.

¿Tienes el dato de cuánto vale en el mercado a nivel nacional del producto o servicio que tú vendes? ¡Por supuesto que No! Y si lo tienes, no lo estás utilizando de manera correcta.

El principal detonador que hizo un cambio en mí en los últimos días, fue, en primer lugar, ser honesto y aceptar que existe un gran mercado en el sector harinero. ¡Sí! independientemente que sea un mercado desleal, que sólo le interesa el precio y no la calidad. Reconocí que yo nada más vendo en mi ciudad y existen más de 30 estados que ni saben de nosotros. ¡Hello!, ¿qué estaba pensando? ¡¿Por qué dejé de ver todas estas oportunidades?!

Nunca había visto la posibilidad de vender a nuevos mercados, ¿qué otros mercados pueden utilizar mi producto? Fue algo que me permitió, investigar y descubrir que no sólo los que hacen pan son mis principales clientes. Sorprendido, descubrí que la harina y sus subproductos se pueden utilizar en la industria de la cerámica, de los pisos, de la plastilina, de otros alimentos o derivados de alimentos que nada tiene que ver con bolillos, baguetes, biscochos, pasteles o pan dulce, etc.

¿Lo alcanzas a ver? Por favor antes de juzgarme investiga lo siguiente y ¡Muévete de tu zona de confort!

¿Cuánto vale en el mercado a nivel nacional de tu producto o servicio?

1. _____

¿Qué Porcentaje de participación de mercado, o que % tiene tu empresa de ese gran pastel?

1. _____

¿En qué otros sectores, mercados, países se puede estar necesitando el producto o servicio que tú tienes hoy?

1. _____

2. _____

3. _____

4. _____

5. _____

Por favor, haz una lista de 50 personas a las que debes contactar de inmediato. Tu objetivo es comenzar a implementar acciones diferentes y para hacerlo debes decirle al mundo que existe tu producto o servicio, así que, te reto a que no dejes de escribir y no te pares de tu silla, hasta que no completes la lista.

Estoy casi imaginando tu cara y puedo verte con dos signos de pregunta en tu frente, diciendo "¡¿Qué?! No tengo idea", "No tengo esos datos", "Ya había buscado esos datos, pero no hay nada de información", "¿A poco eso me hará vender más?"

No sigas... por supuesto que ¡Sí! Pues al no tener estos datos, es muy conveniente, ya que te conviertes en el maestro de las justificaciones para encontrar todas las razones, excusas o pretextos por las que no vendes.

Te invito a que hagas un alto al momento de este libro, y busques información, bien dicen que la información es poder, y al tener los datos y la información correcta, es seguro que comenzarás a visualizar las acciones, podrás hacer un plan.

VENDE ¡YA!

¡Ahora comprométete y haz que suceda!

PD: Al terminar de escribir tu lista, escribe a **academia@bigriveripn.com** solicitando tu beca del 100% para un entrenamiento profesional en línea, con videos, formatos, tutorías, libros de trabajo, etc. ¡No tienes nada que perder y sí mucho que ganar, hazlo ahora! El único requisito es mandar tu lista con los 50 prospectos potenciales ¡No es broma, es un reto!

Por fin y después de más de una hora de tráfico súper lento, estoy llegando a mi casa.

Al abrir la puerta principal de la entrada, llegó a mi nariz un olor ESPECTACULAR, pastel de carne horneado y de inmediato vino a mi mente la imagen de un rico plato decorado con un trozo de pastel de carne, puré te papas recién hecho y una rica copa de vino.

—Carlos—.... Y un gran abrazo de Sofía me esperaba junto a una mesa perfectamente montada y lista para recibir a dos comensales que...

¡INTERRUMPIMOS ESTA LECTURA, NO SIGAS LEYENDO!.

¿Y ahora, qué harás diferente en tu Vida?

Botón para ¡Vender YA!

SI NO TIENES INFORMACIÓN COMPLETA, IMPORTANTE, ESTRATÉGICA Y DE FUENTES CONFIABLES YA HAZ COMENZADO A PERDER: Efectivamente, la mayor debilidad, el Talón de Aquiles de una gran mayoría de los vendedores es la falta de información ¡en todo!, la falta de información o conocimiento del comportamiento de su mercado, de sus fortalezas como compañía y persona, de sus oportunidades como compañía y persona, de las debilidades de su compañía y persona y de las amenazas a su compañía o persona, la falta de información de las tendencias en los hábitos de consumo de su mercado, la falta de información completa de los productos o servicios que está vendiendo, la falta de información de sus beneficios para sus prospectos y clientes, la falta de información de los argumentos y cierres más convincentes para lograr ventas, etc,.

"El Payaso de Ventas" es aquel que sin compenetrarse del entendimiento profundo de todo el proceso de ventas, en el que se encuentra inmerso, simplemente "se avienta" a vender sin más ni más esperando tener resultados espectaculares y luego se anda quejando porque con todo aquel que se encuentra enfrente ¡porque no vende!, y creando mil excusas (algunas de ellas muy convincentes, pero excusas al fin) de que el mercado está mal, que lo jefes, que la competencia, que la vecina, que el pajarito, que el clima, que la canción... ¡tú sabes a qué me refiero!.

El Profesional en Ventas se ocupa primero por entender y comprender a fondo cada uno de los aspectos del proceso de venta en el que se encuentra inmerso y en conocer "punto y coma" de los detalles de su producto y servicio, de los argumentos mas convincentes, de entender el comportamiento de su mercado, de saber cuáles son las objeciones más frecuentes y tener preparadas opciones para que sus clientes siempre les compren, por esto es que los Profesionales en Ventas normalmente son Vendedores Millonarios®

CAPÍTULO XVII

¡CUMPLIMOS LA META!

"Todas las personas exitosas son grandes soñadores y trabajaron inteligentemente para conseguir lo que deseaban."
— *Brian Tracy*

Después de días de intenso trabajo, y con algunos descansos jugando algunas aplicaciones en el ipad, el resultado final de mi día fueron 29 raspados procesados, entregados y cobrados.

—¡Lo logramos!— Le dijimos las tres emocionadas a mi papá.

—Es un gran logro; y ¿qué fue lo que aprendiste?

A la luz de la mesa del comedor y disfrutando unos ricos hot dogs, comencé a relatar mis primeros aprendizajes en las ventas, por mi seriedad y manera de hablar capté toda la atención y comencé.

—En primer lugar, la idea que tuvo mi mamá de que en estas vacaciones aprendiera a vender raspados y generar mi propio dinero, ¡me pareció Genial! Fue muy divertido hacer todos los preparativos, entender cómo debía ofrecer mi producto, digamos que tuve un buen jefe, pues claramente me indicó paso a paso todo lo que iba y teníamos que hacer para asegurar el éxito del negocio.

Luego me comentó que tenía que tener una meta, y antes de tomarla como algo difícil y que me estresaría, me dijo que la regla No. 1 en las ventas es prepararte, divertirte y seguir intentándolo hasta que te digan: "¡Sí!"... Bueno, no me lo dijo en esas palabras pero son como mis conclusiones.

Me interrumpió mi mamá y como en una entrevista dirigió una pregunta directa: —¿Y qué pasó cuando algunas personas te dijeron que no?

Pensé mucho mi respuesta, después de un silencio, y de aprovechar una mordida a mi hot dog y un pequeño trago a mi coca, respondí:

—Pues no pasa nada mamá, las personas pueden decir que no, ya habrá algún momento que me digan sí, y también aprendí que si muchas personas me dicen no, pues yo también soy responsable de hacer cosas diferentes.

—César fue mi primer cliente y yo creo es uno de los mejores porque...

Perdón... pero tengo que interrumpir a Jenny y su familia. Esta pequeña niña ha comentado algo súper importante que no puedo permitir que pase desapercibido.

Todos los vendedores exitosos saben que las ventas comienzan con un NO, y toman el reto y el desafío en cada oportunidad de buscar el ¡Sí!, entonces, algo que te quiero decir, es muy sencillo, para ser un vendedor de éxito, lo primero que tienes que tener siempre en el tope de tu mente es que: "Para ser un profesional en el mundo de las ventas tienes que tener una meta, tomar la responsabilidad de tu éxito, y siempre debes de buscar nuevas opciones, estímulos, argumentos, etc., para que cada vez más personas te den el "¡Sí!" rápidamente."

¿Me vas entendiendo? Tienes que comprometerte con una preparación continua, con eliminar de tu vida, de tus diálogos y presentaciones lo que no esté funcionando; y lo que sí, debes mejorarlo y seguirlo utilizando. ¡Basta de contarte la mentira de que no vendes "porque otros no quieren"! Si frecuentemente te dicen: "No, gracias", "No es momento", "Lo voy a pensar", no son ellos, eres tú, que no estás innovando y cambiando los estímulos que usas para vender. Cada nuevo día tenemos la gran oportunidad de seguir aprendiendo y mejorando.

—...César fue mi primer cliente y yo creo es uno de los mejores porque... hoy me compró 4 raspados—

—Oye, mamá y mañana ¿cuál es la meta?

Por supuesto que hasta el final de mis vacaciones seguiré con mi negocio y ya estoy en pláticas con mi mamá, para decidir qué haremos las próximas vacaciones y ahora que entre a la escuela, pues esto de tener un negocio me gustó... y me gustó más ganar dinero.

Botón para ¡Vender YA!

EL RETO DE LAS VENTAS RESIDE EN QUE LA PERSONA DIGA "SI", AÚN CUANDO EN SU MENTE AL INICIO TENGA UN "NO": Todo Profesional en Ventas debe de tener claro que de antemano "ya tiene el no", de esta manera él trabajará para que su prospecto comprenda por qué es importante dar el "SI".

El "SI" es el trabajo de todo vendedor, por esto se prepara sin parar, por esto aumenta su pericia en la manera en que sus prospectos se enteren de que su empresa existe o de hacer campañas de ventas, en sus búsquedas de prospectos, en sus presentaciones de ventas, en sus diálogos, en sus materiales de ventas, en la manera en la que cierra las ventas y en la manera en la que permanece siempre en contacto con aquellos clientes que le compraron una sola vez o aquellos que le han comprado por años. El Profesional en Ventas no descansa, no se mete en una zona de confort, no se atiene, no se vuelve pasivo, no deja de innovar en su proceso de ventas, no deja de preparase, no deja de practicar, no deja de ensayar, no deja de aprender... eso se lo deja al Payaso de Ventas.

CAPÍTULO XVIII

EL SEGUNDO ESFUERZO

"Deja de pensar en términos de limitaciones y empieza a pensar en términos de posibilidades."
— Ferry Josephson

Después de algunas semanas con mi nuevo estilo de vida, muchas nuevas ventas y negociaciones interesantes con nuevos prospectos, me quedó como resultado un tengo un nuevo hábito: La lectura.

Siempre he sido un amante de la tecnología y hoy gracias a la facilidad y practicidad que nos dan los dispositivos electrónicos, me puedo declarar un "fan de los blogs", ya que de manera ágil, precisa y corta obtienes información que te motiva, te ayuda a ampliar tu contexto, te permite ver y descubrir nuevas cosas.

Hoy encontré un blog titulado "El Segundo Esfuerzo", así que, comenzamos...

El Segundo Esfuerzo http://www.ignius.com.mx/

Lombardi vivió sólo cincuenta y siete años, pero en ese corto trayecto logró llegar desde el humilde hijo de unos inmigrantes italianos nacido en Brooklyn, a transformarse en el más famoso coach de todos los tiempos, habiendo logrado que los equipos que condujo fueran tres veces consecutivas ganadores Súper Bowl.

Este gran hombre dejó un gran legado de enseñanzas y

frases célebres como esta que me encanta: "La victoria no es todo, pero querer ganar sí lo es."

A continuación te compartiré algunas de sus enseñanzas clave aplicadas a las ventas...

Nunca te des por vencido: Cuando no logramos cerrar una venta, por supuesto que te sientes mal, baja tu seguridad y esto influye a lo largo de tu día y refuerza el temor al rechazo. "Otra vez No". A partir de ahora te invito a que no bajes los brazos y no te des por vencido, antes de salir de esa cita asegúrate de dar tu segundo esfuerzo, no pasa nada y sí te dará información para mejorar y probablemente tengas nuevas oportunidades con esa persona.

Tienes el derecho a triunfar: La actitud que tengas hacia la venta afectará el resultado final. Lombardi decía: "Una vez que usted renuncia la primera vez, se le hará un hábito". Por supuesto, que suena MUY FUERTE; sin embargo, no nos engañemos más, ya que la conclusión es muy lógica: ¡si otros pueden ser exitosos, yo también puedo! Así que, ¡basta de excusas! Y vamos a disfrutar el viaje para nuestro éxito.

El precio de lograr el éxito: ¿Estás consciente del precio que tienes que pagar para lograr Tu éxito? Si no, es momento que lo pienses, nada nunca va a suceder por arte de magia y sin pagar un precio por ello. El precio del éxito es alto. Requiere: dedicación, compromiso, trabajo arduo e inteligente, sacrificios, desvelos, desmañanadas, esfuerzo, tiempo, etc.,

Ganas o pierdes: Así de directo, nuestras actitudes en todo lo que pensamos, decimos y hacemos repercutirán siempre en nuestros resultados. Lombardi decía: "La diferencia entre una persona exitosa y otra que no lo es, no es la fuerza de voluntad, ni la falta de conocimientos, pero sí es la falta de voluntad de querer tener éxito".

Firmeza Mental: Piensa en los grandes logros de tu vida, ¿ya estás visualizando la película: "Tu película"? Bueno, esperamos un poco. En lo que tu cerebro comienza a trabajar y mostrarte algunos de tus logros, pedí la ayuda de tu cerebro para reflexionar juntos lo siguiente: retrospectivamente nos damos cuenta que no siempre lo que hicimos tuvo que ver con lo que podíamos o con lo que queríamos, sino tuvo que ver con una idea fija que estuvo siempre en nuestra mente hasta que sucedió, a eso me refiero con firmeza mental. Ahora la pregunta del millón para ti es ¿Cuál es tu firmeza mental en relación a las ventas? ¿Qué pensamientos en general y relacionados con la venta gobiernan tu mente?

Sé que con sólo pensar no sucederá el éxito en las ventas; sin embargo, es un 80% de la clave para ser exitoso en las ventas. Así que, te invito a auditar continuamente tus pensamientos y sacar de inmediato aquellos pensamientos de duda, de temor, de angustia, de negatividad... por supuesto, que no será una tarea sencilla, sin embargo, una vez que empiezas puedes comenzar a crear el hábito de ser un guardián de tus pensamientos.

Para que no me malentiendas, la firmeza mental no implica de ninguna forma estar exentos de la posibilidad de ser derrotados; de hecho el record total de este entrenador fue de: 105 encuentros ganados, 35 perdidos y 6 empatados, por ello tienen tanto valor sus palabras cuando dice: "El logro más grande no es el no caer, pero sí es, el después de que se ha caído levantarse inmediatamente, por ello yo nunca perdí un juego; simplemente se me acabó el tiempo para ganarlo".

Te recomiendo ampliamente la película "El Segundo

Esfuerzo" (actualmente en youtube). Existen algunos fragmentos apasionantes que te permitirán aprender más de estas grandes enseñanzas.

Recuerda que a partir de ahora la invitación es: "Nunca te rindas, aunque creas que todo está perdido o que no puedes más, ve por el segundo esfuerzo en cada actividad de tu vida."

Blog de Ana Maria Godínez, tomado del legado de vida como un tributo a todas las experiencias de este gran entrenador.

Comienzo a escribir un mail para cada uno de mis compañeros, compartiendo esta lectura, que me recuerda que ¡cada uno de nosotros somos los responsables de nuestros éxitos o fracasos! Aplica en todo para la vida, y en las ventas, no tengo duda.

Para cambiar mi vida y los resultados que he tenido hasta el momento, necesito cambiar mi vida y lo que estoy haciendo.

Te invito a que después de cada llamada, cita, cierre de ventas, etc., reflexiones las siguientes preguntas:

1. ¿Qué aprendí que debo seguir haciendo?

2. ¿Qué hice mal que debo dejar de hacer?

3. ¿Qué aprendí?

4. ¿Qué debo de hacer diferente para la próxima?

Y como dicen… ¡Vámonos a trabajar!

Botón para ¡Vender YA!

"LEADERS ARE READERS" VERSA EL DICHO EN INGLÉS, QUE QUIERE DECIR: "LOS LÍDERES SON LECTORES": La única manera de tomar el sartén por el mango para lograr un mayor éxito personal y profesional es mediante la preparación constante, una preparación que sea sin interrupciones y plenamente enfocada en las cosas que vas viendo que te están dando resultado cuando las estás aplicando.

El Profesional en Ventas hace de este hábito, la lectura, uno de los pilares fundamentales en su vida, lee todo lo que se encuentra disponible no solamente en su campo de actuación o giro de negocio, sino que también lee al respecto de cómo se vende o que técnicas de ventas se usan en otros giros o campos de negocio para aprender de ellos y siempre se pregunta: ¿Cómo es que esto que es usado en otros lados puede dar resultado en lo que yo hago en mi giro de negocio?, lógicamente no todo va a encajar "como anillo al dedo", pero es aquí en donde el Profesional en Ventas sabe que puede diferenciarse por encima de sus otros compañeros de ventas y puede lograr ventas extraordinarias. Sólo sabiendo y aplicando cosas fuera de lo ordinario es que lograrás resultados extraordinarios.

Por el contrario "El Payaso de Ventas" pues es el clásico hombre o mujer que lo único que lee es la cartelera del cine. A estas personas les parece que sin preparación alguna se van a convertir en los grandes maestros y serán multimillonarios "así como por obra de magia" o piensan que el ser vendedor es sentarse a esperar a que el cliente llegue convencido y tranquilamente ellos se dedican a brindarle información al cliente y cerrar el pedido, eso no es ventas, esa profesión se llama: Ejecutivo de Informes y Tomador de Pedidos. Para dejar de ser un "Payaso de Ventas" debes de tener Ventas Activas, es decir, debes de buscar, impulsar, cerrar y proliferar las ventas y para tener una excelente habilidad debes de hacer tuyo el hábito de la lectura, ¿cuántos libros se considera bien para salir de ser un Payaso de Ventas?, pues primero pregúntate ¿qué tan lejos quieres llegar?, así sabrás cuánto debes de leer y a que velocidad. Yo recuerdo que he llegado a leer 8 libros en una semana con tal de aprender una nueva técnica de ventas, así que "tú tantéale".

CAPÍTULO XIX

VENDE ¡YA!

"El secreto para progresar es empezar por algún lugar. El secreto para empezar por algún lugar es fragmentar tus complejas y abrumadoras tareas, de tal manera que queden convertidas en pequeñas tareas que puedas realizar y entonces simplemente comenzar por la primera."

— *Mark Twain*

Estamos llegando al final de este libro y antes de concluir, quiero ir dejando en el tope de tu mente, que siempre el principal obstáculo para tu éxito en las ventas y en la vida eres Tú.

Digo, ya después de algunas páginas y con la confianza que hemos ganado, quiero ser súper clara, honesta y directa. Si otras personas como tú y como yo pueden ser exitosos en su vida y en las ventas, y estar dentro del 5% de los vendedores que destacan, es lógico que Tú, otros y yo lo podemos hacer. Sin embargo, ¿En dónde está la diferencia? Bueno, sin duda, en lo que piensan y en la percepción que tienen de ellos mismos, en las metas que los motivan, en las acciones que emprenden día a día, aún a pesar de las derrotas temporales que como todos tienen, en que viven cada día de su vida con una actitud mental positiva y ésta les permite salir adelante, identificar las oportunidades, etc. ¿Qué otras diferencias podrá haber entre un vendedor éxito y otro que no lo es? Sin duda que creen en ellos mismos y saben que ellos son su mayor recurso para vender y vivir en armonía y abundancia.

Para darte más información quiero compartirte un fragmento del libro "Acres de Diamantes" de Russell Conwell, escrito a finales de 1800, que a pesar de todos estos años, sigue siendo actual y lo más increíble es que después de más de 200 años los seres humanos siguen sin comprender este extraordinario mensaje.

Russell Conwell compartió a lo largo de su vida y más de 4000 veces, la conferencia "Acres de Diamantes" que posteriormente se convirtió en un libro que, sin duda, te recomiendo leerlo.

Esta historia, que estoy por compartirte, trata de una reflexión potente que yo espero termine de sacudirte de las falsas excusas, pretextos, fantasías y otros saboteadores internos que nos distraen de nuestro éxito.

La Historia de Ali Hafed

Descendiendo, hace muchos años, el Tigris y el Éufrates, con un grupo de viajeros ingleses, me encontré bajo la orientación de un anciano guía árabe que habíamos encontrado en Bagdad.

En ciertas características de pensamiento, del guía, se me parecía a nuestros peluqueros. Él pensaba que su deber era no solamente guiarnos a lo largo de estos ríos y de hacerse pagar por ello, sino y además, divertirnos contando curiosas y misteriosas historias tanto antiguas como modernas, extranjeras y autóctonas. Olvidé muchas de ellas, y estoy feliz de que así sea, pero…

Hay una historia que no olvidaré nunca.

El anciano guía tomaba mi camello por el cabestro y conduciéndolo por antiguos ríos, me contaba historia sobre historia, hasta que yo dejaba de escucharlo y no oía más. No me irritaba que entrara en cólera porque yo dejaba de escucharlo. Recuerdo que él acomodaba su turbante y lo volteaba para llamar mi atención. Yo lo veía por el rabillo del ojo, pero no lo miraba directamente por temor a que me

*contara otra historia. Aunque yo no sea una mujer,
terminaba por mirarlo, y al instante comenzaba otro de sus
recuentos.*

*Me dijo: — Te voy a contar ahora una historia que reservo
sólo para mis amigos íntimos.*

*Cuando insistió en las palabras "amigos íntimos",
escuché, y me felicité de haberlo hecho.*

*Le estoy muy agradecido por esta historia, pues luego
dirigí un curso, que 1674 jóvenes hicieron en el colegio,
felicitándose, igualmente, de haberlo escuchado. El viejo
guía me dijo así: un anciano Persa de nombre Ali Hafed
vivía en las proximidades del Indus. Ali Hafed poseía un
gran territorio agrícola. Tenía huertas, campos de cereales
y jardines.*

*Tenía dinero, era rico y estaba satisfecho. Satisfecho
porque era rico y rico porque estaba satisfecho.*

*Un día, el viejo agricultor persa recibió la visita de un
anciano sacerdote budista, un sabio de Oriente. El
sacerdote se sentó al lado del fuego y le contó, al viejo
agricultor, cómo había sido creado nuestro mundo. Le dijo
que este mundo no era, en el principio, más que una nube
de bruma. El todo poderoso posó sus manos en esa bruma
y comenzó a darle vueltas, primero lentamente, y luego,
cada vez más rápido hasta que al fin, la nube en su
turbulencia se transformó en una bola de fuego.
Enseguida, esta bola rodó por el universo, atrayendo al
pasar, otras nubes de bruma, condensando así la humedad
exterior hasta que cae un torrente de lluvia sobre su
superficie tórrida, refrescando la corteza exterior.
Entonces, el fuego interior, borboteando hacia el exterior,
atraviesa la corteza exterior y, forma montañas y colinas,
valles, planicies y praderas de nuestro maravilloso mundo.*

Si esta masa fundida borboteaba y se refrescaba rápidamente se tornaba granito; si menos rápidamente, Cobre; si mucho menos rápido, Plata; si menos rápido aún, Oro; y después del oro, los diamantes vieron la luz del día.

El viejo sacerdote dijo:

— Un diamante es una gota de luz solar, congelada.

Ahora bien, esto es literalmente exacto en el plano científico: un diamante es un depósito de carbono, proveniente del sol. El viejo sacerdote dijo a Ali Hafed que si él poseía un diamante tan grande como una pulgada, él podría comprar el condado, y que si poseía una mina de diamantes, podría asegurar a sus hijos sobre los reinos gracias a la influencia que le daría su gran riqueza.

Ali Hafed escuchó todo sobre los diamantes y su valor, y era un hombre pobre cuando fue a acostarse esa noche. No había perdido nada pero era pobre porque se preocupaba de temor de ser pobre. Él decía: "Quiero una mina de diamantes" y soñó con ello toda la noche.

Temprano en la mañana, fue a ver al sacerdote. Sé por experiencia que un sacerdote se indispone mucho cuando se le despierta muy temprano en la mañana. Ali Hafed interrumpe al sacerdote, disipándole sus sueños y le pregunta:

— ¿Vas a decirme dónde puedo encontrar los diamantes?

— ¿Los diamantes? ¿Qué quieres hacer con diamantes?

— Pues bien, yo quiero ser inmensamente rico.

— En ese caso, anda y encuéntralos. Es todo lo que tienes que hacer: anda en su búsqueda. Ellos te seguirán.

— *Pero yo no sé a dónde ir.*

— *Y bien, si tomas la corriente de un río a cuyo curso hay arena blanca y va por entre las altas montañas, encontrarás siempre los diamantes en la arena.*

— *No creo que exista un río así.*

— *¡Oh! Sí, hay muchos. Todo lo que tienes que hacer es partir enseguida en su búsqueda. Los diamantes te seguirán a ti.*

Ali Hafed respondió:

Parto enseguida.

De esta forma, vendió su finca, reunió su dinero, confió su familia a un vecino y partió a la búsqueda de diamantes.

Comenzó su búsqueda, en los montes de la Luna. Luego, tornó hacia Palestina, erró por Europa, luego al fin, cuando hubo gastado todo su dinero, cuando estaba hecho andrajos, pobre y menesteroso, estaba al borde de la bahía de Barcelona en España, donde una inmensa marea derrumba los pilares de Hércules. El pobre hombre, afligido, sufriente, moribundo, no puede resistir la horrible tentación de lanzarse a las olas que venían hacia él. Sube hasta la cresta de una de ellas, para no volverse a levantar.

Cuando el guía me contó esta historia, tan terriblemente triste, detuvo el camello que yo montaba y tornó detrás de la caravana para sostener las maletas que se caían de otro camello. Preferí reflexionar en su historia.

Recuerdo que me pregunté: "¿Por qué reserva esta historia para sus 'amigos íntimos'?". Parecía no tener ni comienzo, ni centro, ni fin y nada en absoluto.

Se trataba de la primera historia que en mi vida hubiese escuchado en la que el héroe moría, en el primer capítulo. No tenía yo sino un capítulo de esta historia y el héroe había muerto.

Cuando el guía regresa a tomar el cabestro de mi camello, prosigue inmediatamente su historia, pasando al segundo capítulo, como si no hubiese hecho interrupción alguna.

El hombre que había comprado los territorios de Ali Hafed lleva su camello al jardín para darle de beber. Como el camello se inclinó hacia las profundidades del riachuelo, el sucesor de Ali Hafe nota un curioso destello de luz proveniente de la blanca arena a la orilla del agua. Retira una piedra negra que tenía un ojo tan luminoso que reflejaba todas los matices del arco iris. Lleva la piedra a la casa, la guarda bajo la chimenea central y la olvida.

Algunos días mas tarde, el viejo sacerdote viene a visitar al sucesor de Ali Hafed. Desde que abrió la puerta del salón, nota el fulgor luminoso proveniente de debajo de la chimenea, se precipita y grita:

– ¡He aquí un diamante! ¿Ali Hafed ha vuelto?

– Oh, no. Ali Hafed no ha vuelto, y eso no es un diamante. No es sino una piedra que encontré justo allí, en nuestro propio jardín.

– Pero-, insiste el sacerdote, – te aseguro que sé reconocer un diamante cuando veo uno. Estoy seguro que se trata de un diamante.

Entonces se precipitaron ambos, hacia el viejo jardín, removiendo la arena blanca con sus dedos, y he aquí que aparecieron otras gemas, más bellas y preciosas que la primera.

Es así, me dijo el guía, y es la pura verdad, como fue descubierta la mina de diamantes de Golcanda, la mina más maravillosa en toda la historia de la humanidad, supera las minas de Kimberley, en Australia. El Koh – i – Noor, que adorna la corona de Inglaterra, el Orloff, el diamante más grande del mundo ostentado por la corona Rusa, y provenientes estos últimos, de la mina de Golcanda.

Cuando el viejo guía árabe me contó el segundo capítulo de su historia, se levantó el turbante y lo hizo tornar en el aire para llamar mi atención sobre la moraleja. Las historias de los guías árabes, tienen todas una moraleja, aun cuando no sean ellas mismas muy morales.

Haciendo dar vueltas a su gorro, me dice:

– Si Ali Hafed se hubiera quedado en su casa, y hubiera examinado su propio campo de arena o en su propio jardín, hubiera sido el poseedor de las "minas de diamante", en lugar de sufrir la extrema pobreza, el hambre y terminar suicidándose en un país extranjero. Pues cada hectárea de esta vieja finca, sí, cada milímetro de tierra, ha provisto desde ese entonces de piedras tan preciosas que han adornado las coronas de los monarcas.

Cuando el viejo árabe contó la moraleja de su historia comprendí por qué la reservaba para sus "amigos íntimos". Pero no le dije que yo lo había comprendido. Era la manera como el viejo árabe osaba decir lo que no se atrevía a hacer directamente; él tenía enfrente de sí, un joven hombre que recorría el Tigris y que, en su opinión, estaría mejor en casa, en América. No le dije que lo había comprendido. En revancha, le dije que su historia me recordaba otra y que yo se la contaría rápidamente pues se la quería compartir.

¿Qué Tal? ¿Impresionado? Antes de seguir te invito a que escribas tus conclusiones, tus aprendizajes de esta gran e inspiradora historia.

_____
_____
_____
_____
_____
_____
_____
_____
_____
_____
_____
_____
_____
_____
_____
_____
_____
_____
_____
_____
_____
_____
—

Cada vez que tengo la oportunidad de leer y compartir esta historia con más personas, es para mi un recordatorio que ¡Yo soy la responsable de mi éxito! Que tengo recursos y una potencia enorme dentro de mí, que año con año soy una mujer más rica, y que todos estos diamantes o "recursos", como los llamamos en psicología, son la llave para triunfar en cualquier área de nuestra vida.

Tenemos que buscar dentro de nosotros, reconocer esa grandeza y día a día comprometernos en aprender más, prepararnos mejor, todo con el único objetivo de mejorar lo que estamos haciendo en la vida y en las ventas, que es el tema que nos trajo a este libro. Hoy estás parado frente a la única persona que te puede llevar a convertirte en el vendedor #1 de tu compañía.

¡Basta de excusas! Y de dejarte de sabotear tú mismo, en las ventas hay muchas cosas que tú puedes cambiar para Vender MÁS y ¡Ya! Tu compañía, tu familia, las personas que te rodean necesitan que despiertes y te apliques y comprometas cada día de tu vida a ser el mejor. ¡Puedes hacerlo! Sólo ponte a trabajar y no desistas nunca, este es el gran juego de la vida, ser perseverante y tener la voluntad y la disciplina para triunfar, tienes que ser súper determinado y autodisciplinado; es decir "hacer lo que dijiste, cuando lo tengas que hacer, independientemente si tienes ganas o no de hacerlo". Sé y estoy consciente de que se lee y, si te lo digo, se oye súper fuerte; sin embargo, lo que busco es sacudirte e invitarte a que formes partes del 5% de los vendedores que se lo están llevando todo. ¡Puedes hacerlo!

El gran reto es que cada una de las lecciones de este libro se conviertan en nuevos hábitos para tu vida, y no se quede sólo en un libro más, una historia más, por favor toma ACCIÓN y haz que suceda. Escribe una nueva historia con una mejor versión de ti, como persona y profesional de las ventas. Si estás conforme con tus resultados y te ha ido bien hasta el momento, te tengo noticias: ¡Tienes la oportunidad de que te vaya cada vez mejor en todos los aspectos de tu vida!

Así que…. ¿Quieres   triunfar   y   Vender   ¡Ya!?
Decídete, este es tu momento.

Colorín colorado, esto apenas a empezado…

Botón para ¡Vender YA!

MINUTO A MINUTO ERES TÚ QUIEN ESTÁ ESCRIBIENDO TU PRÓPIO DESTINO, NO EL DESTINO MISMO: Cada minuto de tu día tienes la enorme y grandiosa oportunidad de estar escribiendo tu destino o tu futuro mediante las decisiones que tomas a cada instante, está comprobado científicamente que los humanos tenemos alrededor de 65,000 pensamientos al día y una gran cantidad de ellos son decisiones que debes de tomar, algunas de ellas las tomas por hábito (es decir, sin reparar y pensar qué harás) y otras de ellas las tomas de una manera consiente e incluso te llega a doler la cabeza o quitar el sueño.

El Profesional en Ventas sabe que a cada minuto que está pasando él está forjando o escribiendo su propio destino, y es por esto que no toma las decisiones más fáciles, sino aquellas que le llevarán a tener los mejores resultados sin importar si es la más práctica o es difícil, sabe que probablemente deberá de hacer algo que no le gusta o le es cómodo (porque sería más placentero ver el fut-bol por ejemplo) pero sabe que lo llevará a su destino por el contrario "el Payaso de Ventas" es el clásico que piensa o dice que eso es una especie de esclavitud y prefiere disfrutar al máximo de su mediocre vida, cuando el Profesional en Ventas sabe que la recompensa es 10 veces mayor en el mediano y largo plazo cuando "el Payaso de Ventas" prefiere tener una recompensa 10 veces menor pero disfrutándola ampliamente en el corto plazo.

La decisión es tuya ¿de qué lado estas?, ya que tienes esta información contigo no podrás engañarte, y eso te aseguro, hará una enorme diferencia en lo que has venido logrando hasta el momento.

¡GRACIAS!

Queremos agradecerte enormemente por haber comprado este libro y además felicitarte por haberlo terminado de leer, eres del 1% que tiene la oportunidad de tomar y lograr más éxito.

También queremos darte algunas recomendaciones finales que te ayudarán a conseguir lo que deseas en un menor tiempo y con mejores resultados:

1. **No regales este libro:** Mejor compra otro y regálalo con una dedicatoria especial para aquella persona, verás que esto le hará el día y además te permitirá volver a leer este libro una y otra vez para que vayas teniendo nuevos aprendizajes, pues cada vez que lo lees estarás preparado para recibir cierta información.

2. **Pon en práctica de inmediato** lo aprendido: No dejes pasar ni un instante para empezar a practicar, olvídate de la pena (la pena para nada

sirve y para todo estorba) y comienza a tener excelentes resultados, y

3. **Visita, suscríbete y comparte nuestros Videos de YouTube:** hemos creado una enorme cantidad de videos gratuitos para que puedas ir perfeccionando tus habilidades de venta, ¡no dejes pasar esta oportunidad, búscanos en IGNIUSTV.

Estamos al pendiente y para apoyarte en el perfeccionamiento de tus técnicas de ventas, escríbenos a: info@ignius.com.mx

¡Todo el Éxito!

Ana María Godínez y Gustavo Hernández

Solicitud de Información

Por favor envíenme información acerca de: Próximos talleres y eventos, Adquisición de libros, Servicios especializados de asesoría.

Nombre: _____

Compañía: _____

Teléfono:_____ (_____)

Dirección:_____

Ciudad:_____ Estado:_____

C.P:_____ País:_____

Para recibir la información señalada, favor de enviar este Email a: info@ignius.com.mx   o llámanos al teléfono +52 (477) 773-0005.

www.ingramcontent.com/pod-product-compliance
Lightning Source LLC
Chambersburg PA
CBHW050459190326
41458CB00005B/1354